초보자를 위한
와인 입문 가이드

Wine

와인 지식사전

켄 프레드릭슨 지음 · 김다은 옮김

초보자를 위한
와인 입문 가이드

Wine

와인 지식사전

켄 프레드릭슨 지음 · 김다은 옮김

미래지식

와인 지식사전

초판 1쇄 인쇄 2022년 6월 15일
초판 1쇄 발행 2022년 6월 20일

지은이 | 켄 프레드릭슨
옮긴이 | 김다은
펴낸이 | 박수길
펴낸곳 | (주)도서출판 미래지식
편집 | 이미선
디자인 | design ko

주소 | 경기도 고양시 덕양구 통일로 140 삼송테크노밸리 A동 3층 333호
전화 | 02)389-0152
팩스 | 02)389-0156
홈페이지 | www.miraejisig.co.kr
전자우편 | miraejisig@naver.com
등록번호 | 제 2018-000205호

ISBN 979-11-91349-44-3 (13590)

＊값은 표지 뒷면에 표기되어 있습니다.
＊잘못된 책은 구입하신 서점에서 바꾸어 드립니다.

와인의 매력은
과학의 영역뿐 아니라
문화와 역사, 신화까지
넘나든다는 것이다.
무엇보다도 와인에는
우리의 영혼을 뒤흔드는
맛과 질감, 아로마가 있다.

수확을 기다리고 있는
9월 하순의 포도밭.

CONTENTS

추천사

십여 년 전 켄을 처음 만났고, 서로의 일에 대한 존경과 공통의 관심사인 자전거와 블랙호크스 하키팀 그리고 너무나 당연한, 와인을 사랑하는 마음으로 우리는 금세 친구가 되었다.

나의 아버지는 훈제 식품을 파는 가게와 훈제실을 운영했고, 어릴 적 주말과 방학이면 아버지 곁에서 일을 돕곤 했다. 여러 가지 일을 했는데 소금물에서 무거운 생선을 꺼내 훈제실에 걸어두는 고단한 일들도 있었다. 어린 날의 경험은 단순한 용돈벌이에 그치지 않고 음식을 통해 삶의 의미를 발견할 수 있다는 믿음의 바탕이 되었다.

첫 레스토랑인 블랙버드Blackbird를 함께 연 동업자들과 나의 바람은 손님이 완벽한 식사를 경험할 수 있도록 하는 것이었다. 그 바람을 위해서는 음식에 담긴 철학과 아름다운 조화를 이루는, 정갈하게 잘 정리된 와인 리스트가 필요했다. 우리는 정교하면서도 편안하고 익숙한 풍미의 와인을 원했다. 오래지 않은 경험에, 와인 브랜드에 대한 이미지나 도움이 될 만한 지식 없이 부족한 식견을 빠르게 넓혀 가며 테이스팅을 하는 과정은 정말이지 훈련에 가까웠다. 초반에 이러한 과정을 거치며 와인이 완벽한 식사에 빠질 수 없는, 빠져서는 안 되는 요소라는 것을 실감했다. 당연한 일이었다. 정성껏 요리한 음식을 맛있게 먹기 위해서는 함께 마시는 것도 당연히 맛있어야 했다. 이후로 우리는 레스토랑에 와인 디렉터와 소믈리에의 역할이 얼마나 중요한지 깨달았고, 손님과 직원들의 마실 것에 아주 큰 관심을 쏟고 있다.

　켄은 오랫동안 곁에서 함께 일하며 고객 서비스와 교육, 자선 기부 그리고 질투 날 정도로 훌륭한 와인 셀렉션으로 변함없는 지원을 해주고 있다. 켄과 함께 음식을 먹고 와인을 맛보는 시간은 즐겁다. 정말 아주 즐겁다. 오감을 몰입하게 되는 무척 매력적인 경험이다. 복잡한 이야기를 쉽게 풀어내고, 맛에 열정적으로 감탄하고, 끊임없이 즐거움을 찾아다니는 그의 매력은 누구도 흉내 낼 수 없다. 사실 내심 오래전부터 그가 언젠가 책을 써주기를 멋대로 기대하고 있었다.

　그리고 드디어 켄의 책이 나왔다. 이 책은 수많은 곳에서 다양한 형태로 도움을 줄 것이다. 와인에 대한 전반적인 지식을 빠짐없이 설명하고, 손님맞이에 필요한 유용한 팁을 소개하고 있으며, 알 수 없는 와인 세계의 용어들을 명확하게 정리하였다. 와인을 훨씬 충만하게 즐길 수 있도록 기쁨과 즐거움, 신남이 가득한 풀 패키지 와인 이야기를 담고 있다. 그가 이처럼 특별한 와인 가이드를 펴낸다는 사실에 가슴이 두근거린다. 이 책은 부담스럽지 않고 친근하며 유쾌하고 상냥하다. 바로 켄처럼!

셰프 폴 카한

머리말

보수적인 아이다호주 시골 마을에는 **와인을 즐기는** 문화가 없었기에 내가 처음 제대로 와인을 만나게 된 것은 정말 우연이었다. 목장에서 자라 호텔 매니저가 되겠다는 꿈을 품고, 네바다 라스베이거스 주립대학교의 호텔경영학과에 입학했다. 학문적인 배움은 학교 수업에서 얻을 수 있었지만 못지않게 중요한 사회적인 배움을 얻을 방법도 찾아야 했다. 마침 교내 와인 클럽이 막 결성되어 '와인도 마시고 사람도 만나고'라는 매력적인 문구를 내걸고 회원을 모집하고 있었다. 바로 가입 신청서를 썼다.

목장에서 자란 덕분에 나에게 탁월한 후각과 넘쳐나는 수식어로 와인을 설명하는 재능이 있다는 사실을 그전까지는 알지 못했다. 처음으로 숙성 기간이 긴 보르도 와인의 향을 맡는 순간, 대팻밥과 낡은 가죽 안장, 거름의 익숙한 향을 인지하고 줄줄이 짚어냈다. 한 잔의 와인에 감각 기억들이 되살아났다. 나는 매료되었다.

찰리 트로터Charlie Trotter와 볼프강 퍽Wolfgang Puck 같은 미국 최고의 셰프들과 함께 일하게 될 거라고는 상상도 하지 못했다. 하지만 이러한 경험이 하나하나 쌓여 서른 전에 마스터 소믈리에 자격을 얻게 되었다. 레스토랑과 와인 바, 와인 매장, 심지어 와이너리까지 운영해오며 모든 경험의 길목마다 놀라운 기회와 도전이 내게 손짓했다. 와인의 세계는 끊임없이 변화하고 광대하며 무한하다는 것을, 내가 사랑할 수밖에 없다는 것을 느낀다.

2003년, 모교로 돌아가 겸임 교수로 와인 평가 수업을 맡았다. 강의를 하며 학생들이 참고할 만한, 잘 짜인 와인 개론서가 없다는 점이 안타까웠다. 이제는 이 책을 참고하면 될 것이다. 와인의 생산 지역과 스타일, 포도

품종, 제조 방법, 테이스팅, 보관, 서빙까지 와인의 세계를 빠짐없이 다룬 입문 수준의 와인 가이드이다. 효과적인 팁과 노하우, 최신 트렌드와 개인적인 경험에서 얻은 깨달음도 가득 담겨 있다. 다양한 문화에 대한 호기심과 탐구 정신을 북돋우고 세계 여행을 떠나고 싶게 만드는 와인의 매력과 꾸준히 사랑받는 와인 산업에 대한 진솔한 시각도 엿볼 수 있을 것이다.

이 책에서는 방대한 양의 정보를 꼭 필요한 정도로만 선별하여 활용 방법을 제시하고 와인 용어들을 정리했다. 하루 중 잠시 시간을 내어 와인 한 잔과 함께 읽는다면, 아니 훑어만 보아도 마스터 소믈리에의 정통한 눈으로 와인을 바라볼 수 있게 될 것이다. 무엇보다도, 이 책을 통해 여러분이 어떤 와인을 좋아하는지 찾아 나갈 수 있기를 바란다. 아무도 모를 일이다. 어느새 소믈리에가 되어 파인 다이닝 레스토랑을 누비고 다닐지도. 적어도 이 책을 다 읽고 나면 누구든 즐겁고 신나는 와인 파티를 열 수 있을 것이다.

마스터 소믈리에 *컨 프레드릭슨*

11

양쪽으로 뻗어 있는 가지 위로
잘 익은 포도송이.

1

와인
기초 지식

와인을 공부한다는 것은 여러 분야를 아우른다는 점에서 참 재미있다. 화학이나 생물학, 식물학, 지질학과 같은 과학의 영역뿐 아니라 문화와 역사, 신화까지 넘나든다. 지도도 꼼꼼히 봐야 하고 새로운 사실을 발견할 수도 있다. 무엇보다도 와인에는 우리의 영혼을 뒤흔드는 맛과 질감, 아로마가 있다. 나처럼 와인의 매력에 중독되어 버리면 와인의 세계가 감각의 영역을 넘어서 학문의 영역이 되고, 와인에 대해 알면 알수록 즐거움도 더 커진다는 것을 깨닫게 될 것이다. 그럼 기초부터 시작해보자. 와인 잔 안에서 희미하게 일렁이는 이 액체는 대체 무엇이며 어떻게 만들어지는 것일까?

포도밭에서부터 병에 담기까지 와인을 만드는 과정

STEP 1

수확

"좋은 와인은 포도밭에서 만들어진다."는 말을 많이 들어보았을 것이다. 뻔한 소리이지만 분명한 사실이다. 와인은 발효한 포도즙이므로 포도의 상태가 좋지 못하면 와인도 좋을 수 없다. 가지와 잎을 치고 솎으며 모양을 만들고 땅을 갈고 거름을 주면서 1년 내내 계속되어 온 포도밭에서의 노동은 보통 8~10월(남반구에서는 2~4월) 사이에 잘 익은 포도를 수확해 와인을 만드는 것으로 마무리한다. 포도 품종마다 익는 속도가 다르므로 재배 규모에 따라 수확만 몇 개월씩 걸리기도 한다.

수확의 시기를 결정하는 것은 아주 중요한 일이고, 이 결정에 따라 좋은 포도가 될 수도 있고 그저 그런 포도가 될 수도 있다. 와인 생산자는 수확의 시기를 정하기 위해 포도밭을 둘러보며 포도를 맛보는데, 보통 정확한 날짜는 당도와 pH 수치를 분석해서 결정한다.

와인 생산자가 결정을 내리면 포도 수확을 시작한다. 부엌 구석에 놓아둔 복숭아가 어제는 밍밍했지만 오늘은 달달할 수 있는 것처럼 포도밭에서의 타이밍은 무척 중요하다. 하루만 기온이 높아도 당도가 원치 않는 수준까지 확 올라갈 수 있다. 와인 제조용 포도는 온도에 몹시 민감해서 기온이 가장 낮은 한밤중에 수확하기도 한다.

작은 상자 안에 담겨 있는
이제 막 수확한 포도.

파쇄

수확한 포도가 와이너리에 도착하면 포도 줄기를 분리하는 제경destemming, 포도 알을 으깨는 파쇄crushing, 포도즙을 눌러 짜는 압착pressing까지 번거로운 작업들이 시작된다. 사람들이 서로 어깨를 걸고 오크통 안을 천천히 돌며 발로 포도를 밟아 으깨는 사진을 본 적 있을 것이다. 지금도 사용되는 방법이다. 하지만 보통은 포도송이를 기계에 쏟아 붓고, 기계에서 줄기를 제거하고 포도를 으깬 다음 압착을 진행하거나 발효 통으로 옮긴다.

일반적으로 청포도와 적포도는 다르게 처리한다. 청포도는 제경과 파쇄 다음에 **압착**을 진행해 포도 껍질과 씨, 과육에서 포도즙을 추출한다. 발효 전에 포도즙과 고형물을 분리하기 위한 것이다.

반면 적포도는 으깬 후에 포도 껍질과 씨, 때로는 줄기까지 포도즙 안에 함께 담가둔다. 이렇게 만들어진 포도즙은 껍질에 함유된 **안토시아닌** anthocyanin의 색을 띠고, 고형물에서 추출된 **타닌**tannin을 비롯한 여러 향미 화합물도 포함하고 있다. 청포도와 적포도 모두 파쇄나 압착 후의 포도즙 상태를 **머스트**must라고 부른다.

발효

발효는 **효모가 포도당과 과당을 분해**하여 거의 같은 양의 에탄올(에틸알코올)과 탄산가스(CO_2)를 만들어내는 과정을 말한다. 집에서 빵 반죽을 해본 적이 있다면 와인이 어떻게 발효되는지 쉽게 이해할 수 있을 것이다. 보통은 포장되어 있는 효모를 꺼내 활성화시키는 것에서 시작한다. 간혹 포도에 붙어 있거나 와이너리 주변 환경에 떠 있는 야생 효모만을 사용해 발효가 자연적으로 이루어지게 두는 경우도 있다. 하지만 야생 효모는 인공적으로 배양된 효모에 비해 변수가 많고 발효 속도도 느리다. 배양 효모는 제품마다 다른 맛과 아로마 화합물을 만들어내고 고르기 어려울 정도로 종류도 아주 많다.

발효가 시작되기 전에 머스트가 산소에 노출된 정도를 유심히 확인 해야 한다. 레드 와인의 머스트에는 포도 껍질에서 추출된 항산화 물 질이 포함되어 공기에 노출되어도 비교적 영향을 덜 받지만, 눌러 짠 청포도즙은 산소를 차단할 수 있는 밀폐된 통으로 옮긴다. 사과를 깎 아 놓으면 갈색으로 변하는 것처럼 머스트도 산소의 영향을 크게 받는 다. 발효와 숙성을 진행하는 동안 산소 노출이 적절하면 약이 되지만, 지나치면 독이 될 수 있다.

머스트에 효모를 넣으면 효모가 당을 빨아들이고 부산물로 **에탄올**과 **탄산가스**를 만들어내며 부글부글 끓어오른다(탄산가스는 산화 억제에 도 움이 된다). 발효 과정에서 머스트에 당이 많을수록 더 많은 알코올이 생 성되며, 그 외에도 와인의 맛과 아로마, 질감을 결정하는 수백 가지 생 화학적 화합물이 만들어진다. 하지만 에스테르ester, 알데히드aldehyde, 글리세롤glycerol, 지방산fatty acid, 티올thiol 등 셀 수 없이 많은 화합물 의 양을 다 합해도 와인 한 병의 화학적 구성에서 차지하는 비율은 극 소량이며, 이 많은 성분을 담고도 와인의 80% 이상은 여전히 '물'이다.

레드 와인의 발효 과정에서 탄산가스가 포도 껍질과 다른 고형물들 을 발효 탱크 위쪽으로 밀어 올리면, 포도 껍질이 캡cap처럼 포도즙 위 를 덮게 된다. 고형물과 포도즙을 다시 섞어 와인의 맛과 색을 더 내기 위해 기다란 도구로 포도 껍질을 밀어 넣거나(펀치 다운), **펌프**를 이용 해 아래쪽에 있는 포도즙을 끌어올려 포도 껍질 더미 위에 뿌리기도 한다(펌프 오버).

발효 과정에서 열이 발생하기 때문에 **온도**를 조절하는 것도 중요하 다. 레드 와인은 맛과 색을 내기 위해서 21~32도 정도의 높은 온도에서 발효한다. 온도가 너무 높아지면 발효가 진행되면서 마구 끓어올라 익

발효 중에 만들어진 포도 껍질
더미를 부수어 밀어 넣는 작업을
'펀치 다운'이라 부른다.

어버린 과일 맛이 나거나 효모가 제 역할을 하지 못하고 그대로 멈춰버릴 수 있다. 화이트 와인은 향을 내는 휘발성 화합물과 신선한 과실 맛을 지키기 위해 7~16도로 발효 온도를 유지한다. 기온이 낮은 지역이나 지하 저장고에서는 온도 조절을 위한 냉장 장치를 사용할 필요가 없지만, 온도 조절이 가능한 발효 통은 아주 오래전부터 사용되어 왔다.

아주 낮은 온도로 발효를 진행하면 시간이 몇 달씩 걸리기도 하는데 사실 발효 기간과 무관하게 효모가 쓸 당이 남아 있지 않거나 와인에 **잔당** residual sugar을 남기기 위해 발효를 일찍 멈추기로 결정하면 발효가 완료되었다고 할 수 있다. 알코올 도수가 올라가면 효모가 사라지기 때문에 포도즙 속의 당이 모두 다 전환되는 것은 아니어서 드라이 와인에도 리터당 10g의 당이 남아 있다.

포도 껍질이 위로 떠올라
더미를 이루고 있는
발효 탱크 안.

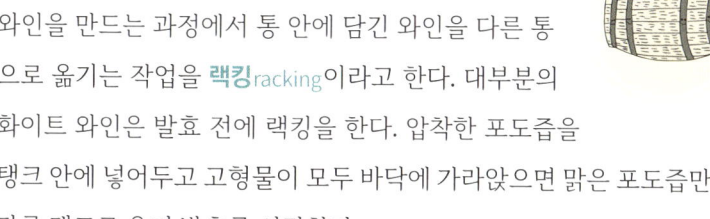

랙킹, 압착, 숙성

와인을 만드는 과정에서 통 안에 담긴 와인을 다른 통으로 옮기는 작업을 **랙킹**racking이라고 한다. 대부분의 화이트 와인은 발효 전에 랙킹을 한다. 압착한 포도즙을 탱크 안에 넣어두고 고형물이 모두 바닥에 가라앉으면 맑은 포도즙만 다른 탱크로 옮겨 발효를 시작한다.

화이트 와인은 발효가 끝나면 깨끗한 탱크로 옮겨 잠시 두었다가 바로 병입bottling하거나, 다른 통으로 옮겨 1년 이상 숙성한다. 여러 종류의 통을 바꿔가며 숙성하기도 하는데 다양한 크기의 오크통과 달걀 모양 콘크리트 탱크, 스테인리스 스틸 탱크 등이 있다.

레드 와인은 발효 통에서 다음 순서인 숙성 통으로 옮겨지면, 남아 있는 고형물에서 마지막 한 방울까지 와인을 짜내는 **압착**이 진행된다. 보통은 압착 전의 상층부 포도즙을 **프리 런 와인**free-run wine이라고 하며, 남아 있는 고형물을 압착해서 짜낸 **프레스 와인**press wine을 더해 숙성 통이나 탱크에 넣는다. 프레스 와인은 포도 껍질과 씨, 때로는 줄기까지 으깨져 맛이 조금 강할 수 있어서 프리 런 와인만을 사용하기도 한다. 이때 **이산화황(SO_2)**을 첨가하면 숙성 과정에서 미생물이 번식하거나 산화가 진행되는 것을 방지할 수 있다. 황은 요즘 와인 세계에서 논란이 많은 주제이다(29쪽 '와인 속 이산화황' 참조).

화이트 와인이든 레드 와인이든 오크통에서 숙성을 진행하면 나무 판 사이 미세한 틈 사이로 소량의 산소가 계속 유입된다. 덕분에 와인의 복합미와 질감이 살아나며 나무에 함유된 당이 바닐라와 토스트 향을 더해준다. 또한 나무에서 추출되는 타닌은 포도 껍질을 분리하고 포도즙만 발효하는 화이트 와인의 숙성 과정에서 중요한 역할을 한다. 콘크리트나 스테인리스 스틸 탱크에서 숙성하는 와인은 산화 작용 없이 신선한 과일 그대로의 아로마와 맛을 간직할 수 있다.

숙성을 진행하는 통의 종류와 상관없이 레드 와인 대부분과 일부 화이트 와인은 **젖산 발효**malolactic conversion**(유산 발효)**를 거치는데, 효모가 아닌 박테리아가 유발하는 2차 발효로서 시큼한 말산malic acid을 조금 더 부드러운 젖산lactic acid으로 바꿔준다. 특히 화이트 와인의 크리미한 질감과 맛에서 젖산 발효의 효과를 느낄 수 있다.

숙성 과정에서 여러 번 랙킹을 진행하는데 통을 바꿀 때마다 미량의 산소가 유입되면서 와인의 화학적인 구성에 미묘한 변화를 주어 아로마와 색, 맛, 질감에 영향을 미친다. 통을 열어 **리스**lees라고 부르는 효모 찌꺼기를 비롯한 고형물을 바닥에서 저어 올려 섞어줌으로써 화이트 와인에 효모의 아로마와 질감을 더하는 **바토나주**bâtonnage 작업도 해준다.

STEP 5
병입

와인은 수개월에서 수년이 지난 후에야 판매용 병에 담을 수 있다. 사이펀을 이용해 통에서 병으로 바로 옮겨 담는 경우도 있는데, 보통은 숙성 통의 와인을 모두 중간 탱크로 옮겨 다양한 정제 및 안정화 처리를 한 후 병에 넣고 코르크로 막는다. 병입 전에 진행하는 마무리 랙킹 정도로 간단하게 생각할 수 있지만, 냉각 안정화와 청징, 여과에 마지막으로 황을 첨가하는 작업까지 포함되는 복잡한 단계이다.

주로 화이트 와인에 진행하는 **냉각 안정화**cold stabilization는 와인을 저온으로 냉각해 주석산tartaric acid이 결정을 이루어 가라앉게 하는 처리 과정이다. 소비자들은 맑은 빛이 나는 와인을 선호하기 때문에 무해하긴 하지만 병 안에 주석산 결정이 만들어지거나 와인이 뿌예 보이지 않도록 냉각 안정화를 진행한다.

청징fining과 **여과**filtering도 와인의 아로마나 맛을 해칠 수 있는 작은 입자들을 제거하여 와인을 정제하고 안정화하는 과정이다. '청징'은 단백질을 비롯해 부유하는 입자들을 결합할 수 있는 물질을 넣어 부유물이 뭉

쳐 가라앉게 한 후 와인을 다른 통으로 옮기는 처리 방법이다. '여과'
는 말 그대로 불순물을 제거하기 위해 와인을 필터로 거르는 것을 말
한다. 청징과 여과가 불순물뿐만 아니라 와인에 필요한 맛과 아로마까
지 제거한다는 주장도 있다.

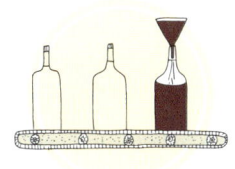

포도밭의 생애

와인을 만들 수 있는 포도를 얻으려면
나무를 심고 3년을 기다려야 한다.
포도는 가을에 수확하지만 사계절 내내
포도밭을 보살펴야 한다.
포도밭에서 어떤 일들이 벌어지는지 살펴보자.

겨울 가지치기

포도나무가 잎이 떨어진 상태로 휴면에 들어가는 추운 겨울 동안 봄의 새로운 성장을 준비하며 가지치기를 한다. 포도나무의 생장과 꽃봉오리의 수를 결정하기 때문에 가지치기는 중요한 일이다. 이 시기에 흙을 갈고 비료를 주는 등 땅을 준비해두기도 한다.

싹 티우기 & 개화

이른 봄(북반구의 3~4월, 남반구의 9~10월 정도)이면 포도나무에 자그마한 새순이 돋아난다. 초록빛의 새순에서 잎이 자라고 꽃을 피웠다가 마침내 열매를 맺는다. 바람과 서리, 우박을 이겨내야 가능한 일이다.

열매 맺기

늦봄, 자가수분된 꽃의 꽃잎이 떨어지면 조그마한 포도 열매가 맺힌다. 여전히 서리와 우박 같은 자연재해를 조심해야 하는 시기로 열매 성장에 문제가 생기면 전체 수확량이 감소한다.

포도나무 잎 관리

포도나무의 잎은 햇빛을 에너지로 바꾸어 줄 뿐 아니라 포도가 잘 자랄 수 있게 그늘을 드리우는 캐노피 역할도 한다. 꾸준히 잎을 솎고 다듬어 포도송이에 내리쬐는 햇볕의 양이 너무 과하거나 부족하지 않게 조절하고 공기가 잘 통하게 해야 한다. 또한 열매와 잎의 비율도 고려하여 포도나무가 열매 숙성에 에너지를 집중할 수 있도록 해준다.

포도밭 관리

포도밭에 있는 온갖 종류의 해충은 큰 골칫거리로 화학 살충제도 사용한다. 전통적인 방법으로는 친환경 살균제 농약인 보르도액(1800년대 프랑스 보르도 지역에서 개발된 살균제로 황산구리와 석회를 섞어 물에 녹인 용액)을 뿌려 노균병을 예방해왔다. 보르도액을 뿌리면 포도나무 잎과 열매가 푸르스름한 은빛 가루로 덮인다.

포도밭의 잡초와 싸우기 위해서는 풀을 베고 땅도 갈아야 한다. 논란이 많지만 화학 제초제를 쓰기도 한다. 포도밭에 물을 대는 관개가 금지되지 않은 지역(주로 '신세계' 지역, 6장 참조)에서는 봄과 여름에 관개도 진행한다.

포도송이 솎기

아직 초록빛인 포도송이들을 잘라내 솎는 작업을 '그린 하베스트green harvest'라고 부른다. 수확량을 우선시한다면 상상도 못 할 일이겠지만 남겨놓은 포도송이의 품질을 최상으로 끌어올리기 위해 의도적으로 수확량을 줄이는 작업이다.

베레종

7~8월(남반구는 1~2월) 사이 포도가 익어가며 색이 바뀌는데 적포도는 초록에서 검은빛, 청포도는 초록에서 황금빛이 된다. 베레종veraison은 이러한 현상을 의미하는 프랑스어로, 다른 많은 프랑스어처럼 와인 세계에서 널리 쓰이는 용어이다. 이 시기부터 열매는 자라기만 하는 것이 아니라 고유의 색으로 탐스럽게 익어간다.

수확

대장정의 끝, 수확의 시간이다. 와인 생산자는 주석산과 말산이 주를 이루는 포도의 산도와 함께 포도당과 과당의 당도를 측정한다. 수개월 동안 자라 온 포도 속에는 페놀 화합물과 미네랄, 펙틴 등 포도의 맛과 향을 이루는 수많은 화합물이 만들어져 있다. 수확의 시기가 결정되면 모두 함께 팔을 걷어붙이고 수확을 서둘러야 한다.

와인 속 이산화황

황sulfur은 아주 오래전부터 와인의 항산화와 항균을 위해 사용되었다. 온천이나 화산 근처에서 발견되는 밝은 레몬색 결정 물질이 황의 기본 형태이다. 황은 와인을 만드는 데 필요한 2가지 주요 화합물에 들어 있는데, **황산구리**와 그을린 성냥 향이 강하게 나는 기체인 **이산화황** (SO_2)이다. 오가닉 농법에서도 허용되는 살균제인 황산구리는 물에 희석해 포도나무와 열매에 뿌리고, 이산화황은 보통 기체 형태보다 가루 형태로 첨가한다.

이산화황은 와인을 만드는 여러 과정에 다양하게 사용한다. 포도를 **수확**하고 **파쇄**하는 과정에서 이제 막 수확한 과실을 야생 효모로부터 보호하고 으깬 포도의 산화를 막기 위해 쓰이며, **발효** 과정에서 원치 않는 효모나 박테리아를 제거하고, **병입**할 때에도 살균제와 방부제 역할을 한다.

와인에는 여러 다양한 첨가물이 들어가지만 그중 이산화황은 가장 논란이 많은 물질이다. 와인의 라벨에 적힌 아황산염, 무수아황산, 이산화황 모두 같은 용어로 쓰인다. 와인에 첨가된 이산화황은 일반적으로 무해하지만 섭취량에 따라 천식이 있거나 여러 알러지에 민감한 사람의 경우 알레르기 반응이 있을 수 있고, 이산화황을 많이 첨가한 와인에서는 썩은 달걀이나 타버린 성냥 냄새처럼 불쾌한 향이 나기도 한다. 와인에 포도와 효모 외에 그 어떤 것도 넣어선 안 된다고 주장하는 이들은 이산화황 사용을 반대한다. 내추럴 와인 생산자는 이산화황을 아예 쓰지 않거나 병입 과정에서만 아주 소량을 사용한다. 하지만 이산화황 없이 와인을 만들려면 와이너리를 극도로 청결하게 유지하고 과실을 다룰 때도 특히 더 신경 써야 할 뿐 아니라 온도 조금 따라주어야 한다.

와인 생산자는 와인에 황 성분이 들어 있다는 사실을 소비자에게 고지해야 하는 법률상 의무가 있으며, 허용되는 황의 총량도 100만 분의 1을 나타내는 'ppm' 단위로 제한되어 있다. 라벨에 '황 함유'를 고지해야 하는 몇 안 되는 제품 중 하나가 와인이라는 점도 흥미롭다.

버라이어틀 와인 & 블렌딩 와인

와인의 세계에서 '블렌딩blending'은 둘 이상의 포도 품종을 섞어 각 품종의 맛보다 훨씬 좋은 맛의 와인을 만들어 내는 방식을 말한다. 프랑스 보르도는 블렌딩 와인으로 유명한 대표적인 지역이다. 보르도의 레드 와인은 카베르네 소비뇽Cabernet Sauvignon, 메를로Merlot, 카베르네 프랑Cabernet Franc 등 여러 품종을 무수히 많은 방법으로 섞어서 만든다. 특히 구세계 와인(유럽을 중심으로 생산하는 와인을 가리키며, '구대륙 와인'이라고도 함)에서는 품종 이름보다 와인이 생산된 지역 이름이 우선시되어 라벨에 품종이 아예 표시되지 않기도 한다.

신세계 와인(미국, 남미 등 신대륙을 중심으로 생산하는 와인을 가리키며, '신대륙 와인'이라고도 함)은 포도 품종의 이름을 더 중요하게 표시한다. 하지만 원료가 되는 포도 품종 자체를 상표로 사용하는 '품종 와인'인 버라이어틀varietal 와인도 표시된 품종만으로 만들어지는 것은 아니다. 나라마다 법이 다르긴 하지만 대부분의 버라이어틀 와인은 라벨에 표시된 품종이 75~85%까지만 포함되면 된다. 물론 주된 품종의 포도 맛이 강하긴 하지만 굳이 따지자면 버라이어틀 와인도 '블렌딩 와인'이라고 할 수 있다.

포도 품종마다 익는 속도가 다르기 때문에 와인 생산자는 품종별로 따로 수확하고 와인을 만들어 숙성을 거친 후에 적절한 비율로 섞어 블렌딩 와인을 완성한다. 하지만 다른 포도밭에서 자란 동일한 품종의 포도로 만드는 블렌딩 와인도 있고, 한 포도밭에서 자란 여러 품종의 포도를 한 번에 수확하고 발효시켜 만드는 **필드 블렌드**field blend 와인도 있다.

내추럴 와인 : 오가닉 와인부터 바이오다이내믹 와인까지

요즘 내추럴natural 와인보다 핫한 주제가 있을까. 내추럴 와인이란 화학 첨가물을 넣지 않은 천연 포도주를 뜻한다. 내추럴 와인만을 다룬 책들이 나오고 있고 앞으로도 계속될 것이다. 와인을 만드는 모든 과정에서 첨가물, 특히 화학 첨가물을 전혀 넣지 않는 제조 방식을 생산자와 소비자 모두가 한마음으로 원하고 있기 때문이다. 아주 멋진 목표이지만 대규모 생산이 쉽지는 않은 방식이다. 와인 전문가들 사이에서도 내추럴 와인의 퀄리티와 스타일을 둘러싼 논쟁이 뜨겁다. 내추럴 와인을 만들기 위해서는 다음의 조건들을 반드시 지켜야 한다.

▶ 살충제, 비료, 제초제를 쓰지 않는 유기 농법으로 포도를 키우고(황산구리액은 허용한다) 손으로 수확한다.

▶ 인공적으로 배양한 효모나 판매되는 효모를 사용하지 않고 당을 첨가하지 않는다.

▶ 와인의 산도를 조절하지 않고 도수를 낮추기 위해 물을 첨가하지 않는다.

▶ 효소(단백질)를 첨가하지 않는다.

▶ 대부분 병입 과정에서 소량의 이산화황을 첨가하지만, 포도에서 자연적으로 생성되는 것을 제외하고 이산화황이 전혀 들어가지 않도록 최대한 노력한다.

▶ 포도 농축액, 발색제, 오크칩 등의 첨가물로 와인의 양을 늘리지 않는다. 새 오크통은 와인의 특성에 너무 강한 영향을 미칠 수 있으므로 재사용 오크통에 숙성한다.

▶ 산소를 주입하여 타닌 성분을 부드럽게 만들어주는 미량산소주입micro-oxygenation이나 알코올을 줄이기 위해 여과하는 역삼투 등의 처리를 하지 않는다.

▶ 청징과 여과를 최소화하거나 아예 하지 않는다.

오가닉 와인과 바이오다이내믹 와인의 포도 재배 및 와인 제조 방식은 이 기준들을 모두 충족하며, 재배 및 제조 절차를 수량화하여 번호를 매기기도 한다. 바이오다이내믹 농법은 오스트리아 철학자 루돌프 슈타이너Rudolf Steiner(1861~1925)가 고안한 것으로, 달의 주기를 반영한 달력에 맞춰 재배한 포도로 와인을 만든다. 여러 국제기관과 단체에서 오가닉과 바이오다이내믹 방식의 인증 기준을 마련하고 있으며, 미국 농무부의 내셔널 오가닉 프로그램National Organic Program(NOP)도 그중 하나이다.

와인에는 어떤 성분이 들어 있을까?

포도의 씨와 껍질, 즙에서 추출되는 당, 산, 페놀 화합물(타닌) 등의 유기 화합물뿐 아니라, 발효를 거치며 생화학 반응으로 생성되는 수백 가지 화합물까지 모두 품고 있는 와인은 아주 복잡한 음료라고 할 수 있다. 하지만 사실 와인의 대부분은 물이다. 와인을 이루는 주요 화학 성분들의 평균 비율을 살펴보자.

▶ 물 : 82%

▶ 에탄올 : 12%

▶ 비타민과 미네랄 : 2%

▶ 산 : 1.5%

▶ 글리세롤과 기타 당류 : 1%

▶ 타닌과 페놀(플라보노이드, 레스베라트롤, 안토시아닌 등) : 1%

▶ 이산화황 : 0.5%

보통 와인 한 병에는 750ml의 내용물이 담겨 있다. 달달한 와인에는 더 많겠지만 와인에는 소량의 당이 포함되어 있고 알코올 자체에도 칼로리가 있다. 당이 1g에 4칼로리이고 알코올은 7칼로리이다. 와인 한 병은 평균 600칼로리로 보통 150ml 한 잔이 120칼로리인 셈이다. 와인의 칼로리는 잔당과 알코올의 함량에 따라 큰 차이가 날 수 있다.

와인의 라벨은 어떻게 읽어야 할까?

프랑스와 이탈리아 등 유럽에서 전통적으로 와인을 만들어 온 생산국을 뜻하는 **구세계**old world에서는 와인이 생산된 지역을 가장 중요하게 여긴다. 자연환경에 초점을 두는 '테루아terroir'라는 개념이 근간이 된 것으로, 아펠라시옹appellation 체계로 구분 지정하여 공식적으로 원산지 명칭을 통제한다(AOC, DOC, DO). 예를 들어 AOC의 표기를 보면 'appellation-지역명-controlee'로 표기한다. appellation은 '명칭', controlee는 '통제'라는 뜻이다. 와인의 세계에서 이 지역 이름들은 그 자체로 최초의 브랜드였으며 여전히 그 위상을 유지하고 있다. 생산자 이름보다 훨씬 크게 표시되는 경우도 있다.

와인의 종류 · 와인이 생산된 지역 · 프랑스 최상위 등급의 포도밭

CORTON-CHARLEMAGNE

Grand Cru

APPELLATION CORTON CHARRLEMAGNE CONTROLEE

WHITE BURGUNDY WINE

•

ALC 13.5% BYVOL · J-F. COCHE-DURY · 750 ML

PROPRIETAIRE VITICULTEUR A MEURSAULT (COTE D'OR)

PRODUCT OF FRANCE

알코올 도수 · 와이너리가 위치한 마을

생산자 · 용량

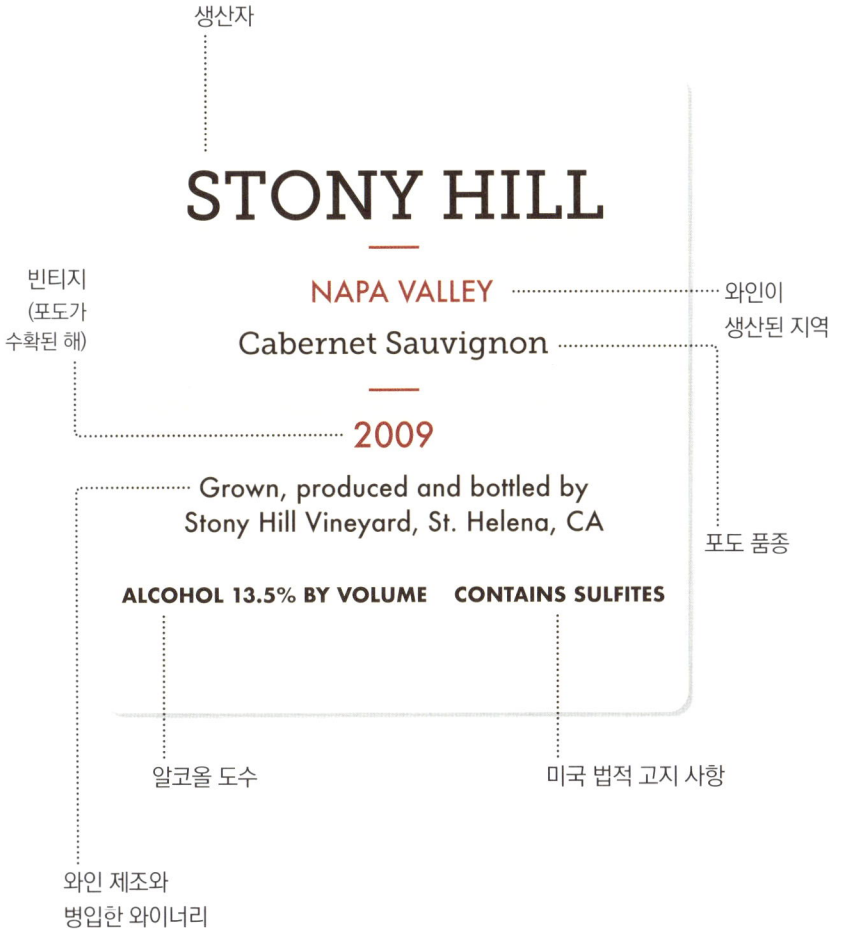

미국과 호주, 뉴질랜드, 칠레, 아르헨티나와 같은 신생 와인 생산국을 뜻하는 **신세계**new world에서는 지역 이름도 중요하지만 포도의 품종과 생산자 정보를 더 중요하게 표시한다.

생산자

STONY HILL

NAPA VALLEY

Cabernet Sauvignon

2009

Grown, produced and bottled by
Stony Hill Vineyard, St. Helena, CA

ALCOHOL 13.5% BY VOLUME   CONTAINS SULFITES

빈티지
(포도가
수확된 해)

와인이
생산된 지역

포도 품종

알코올 도수

미국 법적 고지 사항

와인 제조와
병입한 와이너리

주정강화 와인 :
스위트 vs 드라이

주정강화 와인fortified wine은 알코올 도수나 당도를 높이기 위해 발효 중 또는 발효가 끝난 뒤에 브랜디나 과즙을 첨가한 와인을 말한다. 주정강화 와인에는 스위트한 스타일과 드라이한 스타일이 있다. 강화를 어느 단계에서 진행하느냐에 따라 스타일이 달라진다.

발효가 진행되는 동안 효모는 당을 알코올로 바꾸는 활동을 한다. 발효의 초기 단계에 도수가 높은 포도 증류주를 첨가하면 발효가 중단되어 당이 전환되지 않고 그대로 남아 단맛이 강한 와인이 된다. 포트 와인 생산에 주로 사용되는 방식이다.

온도 조절이 가능한
소형 스테인리스 스틸 발효 탱크.

2

와인의
특성

와인을 공부하는 제일 중요한 목적은 무엇일까? 내가 가장 좋아하는 와인의 특성을 찾아내는 것이다. 이렇게 해보자. 와인을 한 모금 머금으면 와인의 화학적 구조에 감각이 반응하기 시작한다. 이 순간 와인마다 다른 향과 맛을 느낄 수 있다. 이 장에서 설명하는 특성들에 익숙해지면 와인의 화학적 성질이 우리의 감각에 어떻게 와닿는지 이해할 수 있다.

바디

와인의 바디는 크게 '라이트light, 미디엄medium, 풀full' 3가지로 나눌 수 있다. 과학적으로 정확한 용어는 아니지만 이 분류를 활용해 와인의 질감을 스펙트럼 위에 나열해 볼 수 있다. 와인의 바디를 가장 쉽게 이해하려면 무게를 생각하면 된다. 우유를 예로 들자면 스펙트럼의 한쪽 끝에 아주 묽고 가벼운 무지방 우유가 있고, 가운데에 살짝 더 무게가 있는 저지방 우유, 그리고 다른 끝에는 묵직한 일반 우유가 있는 셈이다.

　와인도 똑같다. 스펙트럼의 끝에 이탈리아의 피노 비앙코Pinot Bianco처럼 가볍고 산뜻한 화이트 와인이 있고, 중간 정도의 무게감인 캘리포니아의 샤르도네Chardonnay를 가운데에 두고, 다른 끝에는 보르도의 스위트 와인 소테른Sauternes처럼 입 안 가득 진한 풍미가 느껴지는 풀 바디 화이트 와인이 있다고 생각하면 된다. 물론 와인의 세계가 늘 그렇듯 바디 또한 도수나 잔당, 오크 숙성 등 다양한 요인의 복합적인 영향을 받는다.

타닌

타닌은 와인 중에서 특히 레드 와인에서 아주 흥미로운 역할을 한다. 입안이 마르는 듯한 느낌을 주며 혀에 떫고 쓴맛도 느껴진다. 와인의 장기 숙성을 가능하게 하는 천연 방부제 역할도 한다. 와인을 만드는 과정에서 자연적으로 만들어지는 타닌에는 두 종류가 있다. 포도 껍질에서 만들어지는 **프루트 타닌**fruit tannin과 포도 씨와 줄기, 오크통에서 만들어지는 **우드 타닌**wood tannin이다. 이 페놀 화합물은 카베르네 소비뇽Cabernet Sauvignon처럼 포도 껍질이 두꺼운 적포도 품종에 많이 함유되어 있는데 와인을 만드는 방식에 따라 더 증가시킬 수도 있다.

　그중 한 가지 방식은 레드 와인의 발효 단계에 포도송이를 통째로 넣어 포도 줄기까지 함께 발효하는 것이다. 포도 껍질과 줄기까지 포도즙에 푹 담가 두는 **마세라시옹**maceration이라는 과정을 거치면 추출된 타닌으로 인해 와인을 입에 머금었을 때의 느낌이 달라질 수 있다. 마세라시옹은 뜨거운 물에 티백을 담그는 것과 같다. 타닌을 정말 강력하게 느끼고 싶다면 더 알아볼 것도 없이 프랑스 남부 카오르 지역의 '블랙 와인'을 맛보면 된다. 새카만 말벡Malbec 포도 품종으로 만들어 오크통에서 오랜 기간 숙성시킨 와인이며 레드 와인보다 더 검푸른 색을 띤다.

타닌은 항산화 역할도 하는데, 산소 분자가 타닌과 결합되면 와인의 산화를 늦출 수 있다. 타닌의 항산화 특성이 사람의 노화도 늦춘다는 연구 결과가 있다. 레스베라트롤resveratrol과 같은 화합물은 고밀도지단백(HDL)의 수치를 높이고 콜레스테롤 축적을 막아준다.

신맛

나는 '신맛 사냥꾼acid hound'이라 불리곤 하는데, 침이 고일 정도로 신선함이 넘쳐흐르는 산뜻한 화이트 와인을 찾아다니는 애호가이기 때문이다. 사실 산미가 강한 화이트 와인은 정말 매력적이다. 와인의 신맛은 어떻게 만들어지는 것일까? 완성된 와인에는 십여 종류의 산이 있지만 자연적으로 생겨나는 유기산인 '주석산, 구연산, 말산' 3가지에 집중해보자. 이 산들은 와인의 안정성을 보장하고 환상적인 신선함과 신맛을 느낄 수 있게 해준다. 산미가 강한 화이트 와인을 맛보고 싶다면 뉴질랜드 사우스아일랜드에서 생산되는 소비뇽 블랑Sauvignon Blanc을 추천한다. 기후가 서늘한 지역이어서 포도가 느린 속도로 익기 때문에 자연적으로 신맛이 강해진다.

주석산은 포도의 천연 방부제이다. 와인의 색을 유지하는 데 중요한 역할을 하며 와인을 보존하는 과정 전반에서 이산화황의 기능을 강화시킨다. 포도를 키우고 와인을 만드는 과정을 거치며 주석산의 농도가 아주 높아질 수 있다. 그래서 냉각 안정화를 진행하기도 하는데, 완성된 와인을 2주 동안 4도까지 냉각해 주석산이 서로 뭉쳐 유리 같은 결정을 이루면 걸러내는 작업이다. 와인 병 바닥이나 코르크 밑에 주석산염이 뭉쳐 있을 수 있지만 전혀 유해한 물질은 아니다.

구연산도 자연적으로 생겨나는 산이다. 레몬이나 라임 같은 과일에는 많이 함유되어 있지만 와인 제조용 포도에는 상대적으로 적게 함유되어 있어서 이 적은 양을 보존하는 것이 중요하다. 포도가 익기 직전의 '초록빛'일 때 수확하면 구연산 함량이 가장 높다. 프랑스의 샹파뉴처럼 비교적 수확이 빠른 지역에서 생산된 와인은 더 강하고 뚜렷한 신맛을 보여준다.

말산은 거의 모든 과일에 있으며 특히 사과에 많이 함유되어 있어서 '사과산'이라 불리기도 한다. 와인의 말산 농도는 꽤 높아서 젖산 발효 과정을 거치는데, 강한 말산을 유제품에 많은 부드러운 젖산 형태로 바꾸는 작업이다. 젖산 발효를 거치면 버터 향이 나는 디아세틸diacetyl이라는 부산물이 생겨난다. 버터 풍미가 강한 샤르도네Chardonnay가 이렇게 만들어진다. 또한 말산은 포도나무의 건강에도 중요한 역할을 하며 해마다 열매를 맺는 포도의 생장 주기 동안 에너지 전환을 돕는다.

단맛

모든 와인은 달달한 포도 머스트로 시작해서 발효를 거치며 당이 알코올로 전환된다. 이 전환에서 효모가 촉매로 작용한다. 완벽한 발효란 없기 때문에 거의 대부분의 와인에는 발효되지 않은 당이 조금 남게 되고, 이 당을 '잔당(RS)'이라고 부른다. 와인의 잔당을 즐길 수 있는 적절한 가격대의 와인으로는 이탈리아 피에몬테에서 생산되는 모스카도 다스티Moscato d'Asti가 있다.

스위트 와인을 만드는 방법으로 효모의 활동을 멈추게 하는 증류주를 넣어 발효를 막거나 발효가 끝난 후에 당을 추가로 넣기도 한다. 샹파뉴는 발효가 끝난 후에 당을 추가로 넣어 당도를 조절하는 대표적인 지역인데, 이 작업을 리쾨르 덱스페디시옹liqueur d'expédition이라고 부른다.

알코올

효모만 있으면 당을 함유하고 있는 거의 모든 물질을 알코올로 발효시킬 수 있다. 과당을 발효시켜 얻을 수 있는 에탄올은 조금만 주의하면 안전하게 즐길 수 있는 알코올이다. 알코올의 양은 와인 종류에 따라 아주 다양한데 미국에서는 연방 규정에 따라 라벨에 알코올 함량(ABV)으로 알코올의 도수를 표시하게 되어 있다. 섭취하는 알코올의 강도를 가장 쉽게 이해할 수 있는 방법이다.

요즘은 알코올 함량이 낮은 와인이 트렌드이다. 잔당을 조금만 남기는 오프 드라이off-dry 스타일로 만드는 독일 리슬링Riesling 와인의 경우 알코올 함량이 9~10%이다. 반면 포르투갈의 도루 지역에서 생산되는 포트 와인처럼 묵직한 레드 와인의 알코올 함량은 20~22%이다. 발포성이 없는 일반적인 레드 와인이나 화이트 와인은 11~14.5% 정도의 알코올을 포함하고 있다.

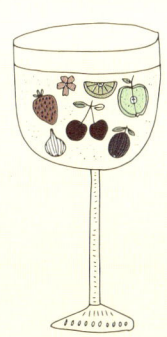

와인의 밸런스

와인이 '밸런스가 좋다'는 것은 하나의 요소만 짚어내기 어려울 만큼 과실 풍미와 산미, 타닌이 모두 조화를 이룬다는 뜻이다. 와인의 주요 요소를 뚜렷하게 느끼고 싶다면 이렇게 해보자.

바디	물과 맑은 주스, 우유를 각각 머금고 맛이 아닌 질감을 느껴본다. 가득 머금고 입안에서 이리저리 굴려본다.
구연산	입에 레몬즙을 짜 넣고 침이 나오는 반응을 기다려본다.
타닌	한참 동안 우린 홍차나 녹차를 맛보고 뱉거나 삼킨 후에 입안이 마르는 느낌을 느껴본다.
프루트 타닌	자두 껍질을 벗겨 껍질만 씹고서 입안에 남는 빡빡하고 자극적인 떫은맛을 느껴본다.

토스카나 해안에 있는
와인 농장 테누타 세테 치엘리
Tenuta Sette Cieli의
야외에서 즐기는 저녁.

3

와인의
스타일

좋아하는 와인과 좋아하지 않는 와인을 파악하기 위해서는 와인 맛에 대한 기억을 쌓아가는 것이 가장 좋은 방법이다. 기록을 하고 사진을 남기자. 하지만 그보다 중요한 것은 새로운 경험에 마음을 여는 것이다. 프로 소믈리에들도 여러 와인을 함께 비교하는 비용 절감을 위해 테이스팅 그룹에 참여하곤 한다. 집에 친구들을 불러 다양한 종류를 마셔보는 것도 방법이 될 수 있다. 와인을 선택하여 구매하는 데 도움이 될 수 있게 가벼운 것부터 묵직한 것까지 주요 스타일을 나누어 세계적으로 대표적인 와인들을 정리해보았다.

※ 가격대($=20달러 이하, $$=20~30달러, $$$=30달러 이상)

스파클링 와인

와인의 발포성은 발효 과정에서 생성되는 탄산에서 만들어진다. 기포들이 표면으로 떠올라 터지면서 무스 크림 같은 거품을 만든다. 포도의 품종이나 기후, 토양, 제조 방식에 따라 와인에서 느껴지는 과실 맛과 당도가 달라지듯 발포성의 정도도 다양하다. 탄산을 인공적으로 주입해 만드는 저렴한 스파클링 와인도 있지만, 질 좋은 스파클링 와인 대부분은 다음 3가지 중 하나의 방법으로 만들어진다. 전통적인 '샴페인 방식'과 탱크를 이용하는 '샤르마 방식' 그리고 '고전 방식'이다.

샴페인 방식Méthode Champenoise은 시간과 노력이 제일 많이 들지만 가장 좋은 와인을 만들어낼 수 있는 방법으로 꼽힌다. 완성된 스틸 와인(비발포성 와인)을 병에 넣은 후 **리쾨르 드 티라주**liqueur de tirage라 불리는 당과 효모 혼합물을 첨가하고 병을 닫으면, 2차 발효가 일어나면서 병 안에 탄산이 차오른다. 시간이 지나면 효모 찌꺼기가 희끄무레하게 가라앉는데, 이 찌꺼기들을 병목에 모아 제거하는 데고르주망dégorgement 작업을 일일이 손으로 진행한다. 그다음 **도자주**dosage라 불리는 적은 양의 당을 추가해 산도가 높은 와인의 당도와 질감을 잡아준다.

다른 와인들이 그렇듯 샴페인 방식으로 만든 와인을 맛볼 때에도 잔당이 감각에 큰 영향을 미친다. 스파클링 와인에는 리터당 포함된 당의 그램 수에 따라 당도를 분류하는 기준도 있지만, 사실 우리가 당도라고 느끼는 것은 실제 와인의 단 정도보다 드라이한 정도를 평가하는 것에 가깝다.

[당도의 단계]

▶ **브뤼 나뚜르**Brut Nature : 리터당 0~3g(아주 드라이함)

▶ **엑스트라 브뤼**Extra Brut : 리터당 0~6g

▶ **브뤼**Brut : 리터당 0~12g

▶ **엑스트라 드라이**Extra-Dry : 리터당 12~17g

▶ **드라이**Dry : 리터당 17~32g

▶ **드미섹**Demi-Sec : 리터당 32~50g

▶ **두**Doux : 리터당 50g 이상(아주 스위트함)

▲ 알자스 　　　　 ▲ 보르도 　　　　 ▲ 버건디

이 중 진짜 '스위트 와인sweet wine'이라고 할 만한 것은 **드미섹**Demi-Sec 과 **두**Doux뿐이다. 샴페인 방식에서는 와인이 효모 찌꺼기인 리스와 접촉하는 시간이 길기 때문에 효모에서 만들어지는 빵 반죽이나 토스트, 견과류의 풍미를 느낄 수 있다.

샤르마 방식 Charmat Method 또는 **탱크 방식**Tank Method은 샴페인 방식과 유사하지만 단계를 줄여 대량 생산을 하는 방법이다. 와인에 당과 효모 혼합액을 섞어 대형 가압 탱크에 넣는다. 2차 발효가 끝나면 압력을 유지한 상태로 여과하고 도자주를 추가한 후 병에 넣는다.

고전 방식 Ancestral Method은 발효가 완료되기 전에 와인을 병에 담아 밀봉해서 발효 과정에서 생성된 탄산이 전부 병 안에 남아 있는 방법이다. 이렇게 만들어진 와인에는 효모 침전물이 남게 되며 탄산이 더 섬세하다.

▲
샴페인

▲
포트

▲
프로방스

　유명한 스파클링 와인들을 스타일별로 정리해보았다. 전문가들은 병 안의 압력을 낮추고 거품을 최소화하기 위해 스파클링 와인을 아주 차갑게 서빙해야 한다고 하지만, 온도를 10도 정도까지 올리면 훨씬 더 깊은 풍미를 느낄 수 있다.

샴페인Champagne **($$$)** 샴페인은 스파클링 와인의 전형이다. 유럽의 가장 서늘한 지역에서 만들어지는 샴페인은 보통 알코올 도수가 12.5도 아래이지만 가볍지만은 않다. 최상급의 샴페인은 3년 이상 숙성시킨다. 백악질 석회암 토양에서 자라나는 샤르도네Chardonnay, 피노 누아 Pinot Noir, 피노 뫼니에Pinot Meunier 포도를 혼합하여 만들며 미네랄, 신 사과, 레몬 껍질, 빵 반죽의 풍미가 느껴진다.

캘리포니아 스파클링 California Sparklers **($$-$$$)** 종류가 다양하고 품질이 높은데, 대부분 샴페인과 아주 유사하게 만든다. 로드레Roederer, 떼땅져 Taittinger, 모엣 & 샹동Moët & Chandon처럼 프랑스의 유명한 샴페인 하우스의 캘리포니아 지점에서 생산하기도 한다.

카바Cava **($-$$)** 대부분 스페인의 페네데스 지방에서 생산되며 마카베오Macabeo, 빠레야다Parellada, 자렐로Xarello 포도로 만든다. 샴페인 방식으로 제조하지만 합리적인 가격대의 와인이다. 샴페인에 비해 꽃 내음이 강하고 가벼운 느낌이지만 전반적으로 전혀 아쉬울 게 없을 정도로 샴페인과 유사한 와인이다.

프란치아코르타Franciacorta **($$)** 이탈리아 롬바르디아의 작은 마을인 프란치아코르타에서 생산하는 이탈리아 최고급 스파클링 와인이다. 이 지역에서는 프랑스의 샴페인에 견줄 수 있는 스파클링 와인을 생산하기 위해 샴페인 제조 품종인 샤르도네Chardonnay, 피노 누아Pinot Noir 재배와 전통적인 **샴페인 방식**에 주력하고 있다.

크레망Crémant **($-$$)** 샴페인 방식으로 만들지만 부르고뉴, 알자스, 쥐라 등 샹파뉴가 아닌 다른 지역에서 생산된 프랑스 스파클링 와인을 말한다. 더욱 저렴한 가격으로 샴페인을 대체할 수 있으며 하나의 포도 품종으로만 만드는 경우가 많다.

젝트Sekt **($-$$)** 독일에서 샤르마 방식이나 샴페인 방식으로 생산된 스파클링 와인을 말한다. 보통 리슬링Riesling 포도로 만들며 더 가볍고 아로마틱한 스파클링 와인이다.

페티앙 나튀렐Pétillant-Naturel **($-$$)** 고전 방식으로 만드는 발포성 와인을 말한다. 프랑스 루아르 밸리의 부브레 지역에서 슈냉 블랑Chenin Blanc 품종으로 만드는 사과와 배의 시큼한 과실 맛과 효모의 풍미가 느껴지는 페티앙 나튀렐이 대표적이다.

프로세코 Prosecco **($)** 글레라 Glera 품종으로 만드는 이탈리아의 특산 와인이다. 샤르마 방식으로 제조하는 대표적인 스파클링 와인으로 복숭아와 살구 향이 나며 샴페인보다 부드럽고 달달한 느낌이다.

라이트 바디 화이트 와인

발효의 부산물 중 하나인 글리세롤(당알코올류)이 점성에 영향을 미치기 때문에 와인의 바디를 결정짓는 요인으로 도수를 꼽을 수 있다. 일반적으로 라이트 바디 화이트 와인의 알코올 도수는 12.5도 아래이며 숙성 기간도 1년 미만이다. 또한 나무와의 접촉으로 생성되는 당과 타닌도 영향을 주기 때문에 오크 숙성 여부도 바디를 결정짓는 요소 중 하나이다.

와인의 바디는 입안에서 느껴지는 무게감으로 판별한다. 사람마다 느끼는 당도가 다르듯 '라이트 light'와 '풀 full'을 느끼는 정도도 다를 수 있다. 하지만 아래 와인은 대부분 오크 숙성의 영향을 거의 받지 않은, 신선하고 시큼한 풍미와 질감을 느낄 수 있는 종류이다. 화이트 와인은 10~13도로 차갑게 즐기는 것이 가장 좋다.

루아르 밸리 소비뇽 블랑 Loire Valley Sauvignon Blanc **($$-$$$)** 돌과 미네랄의 풍미와 감귤류 과실의 향이 느껴지는 와인이다. 상세르와 푸이 퓌메 등의 지역에서 생산한다.

뮈스카데 Muscadet **($-$$)** 프랑스의 대서양 연안, 루아르강 어귀에서 생산한다. 믈롱 드 부르고뉴 Melon de Bourgogne 품종으로 만들며 미네랄과 염분이 짙게 느껴진다.

그뤼너 벨트리너 Grüner Veltliner **($-$$)** 바하우를 비롯한 오스트리아 다뉴브강 유역 아펠라시옹의 특산 와인이다. 그뤼너 Grüner는 '초록'을 뜻하며 실제로 초록빛 풋과실과 허브의 향이 담겨 있고 감귤류의 신맛과 단단한 미네랄의 풍미를 느낄 수 있다. 신선하고 상큼한 오스트리아 리슬링도 아주 좋은 라이트 바디 와인이다.

가비Gavi **($-$$)** 이탈리아 피에몬테 지역의 와인으로, 프랑스 샤블리에서 생산하는 미네랄 풍미가 강한 화이트 와인과 유사하다. 이 지역의 재래 품종인 코르테제Cortese는 백악질 토양에서 자라며 돌과 감귤류, 화이트 플라워의 풍미를 지닌다.

비뉴 베르드 Vinho Verde **($)** 비뉴 베르드Vinho Verde는 '초록' 또는 숙성 기간이 짧은 영 와인young wine을 의미하는데, 이름 그대로 수확 후 6개월 내에 판매되는 아주 '영'한 와인이다. 포르투갈 북부의 특산 와인으로, 알바리뇨Alvarinho나 로우레이로Loureiro 등 재래 품종으로 만들어지며 시큼한 감귤 향이 나고 탄산이 느껴지기도 한다.

미디엄 바디 화이트 와인

미디엄 바디 화이트 와인의 알코올 도수는 12.5~14도 정도이며 오크통에서 숙성되는 경우가 많다. 이외의 특성들은 아주 다양하게 나타난다.

샤블리Chablis **($$-$$$)** 프랑스 부르고뉴 북부 지역에서 생산되며 세계적으로 샤르도네Chardonnay를 대표하는 와인이다. 미네랄 풍미와 레몬의 산미가 가득 느껴지며 풋사과와 노란 사과의 향이 나고 오크 향은 거의 느껴지지 않는다.

루아르 밸리 슈냉 블랑 Loire Valley Chenin Blanc **($-$$$)** 부브레, 몽루이, 소뮈르 등의 아펠라시옹에서 생산된다. 산도가 높으면서도 질감이 살아 있고 모과와 사과의 과실 향이 느껴지는 미디엄 바디 와인이다.

캘리포니아 소비뇽 블랑 California Sauvignon Blanc **($-$$$)** 하나의 특성으로 설명하기 어려운 와인으로, 톡 쏘는 산미가 느껴지는 루아르 밸리의 소비뇽 블랑Sauvignon Blanc도 있고 열대의 향과 크리미한 풍성함이 담긴 보르도의 소비뇽 블랑도 있다.

프리울라노Friulano **($-$$$)** 프리울라노Friulano는 소비뇽 블랑의 사촌쯤 되는 품종ㅇ로 이탈리아 북동부에서 생산한다. 미네랄의 풍미가 느껴지고 화이트 플라워, 복숭아와 살구 향이 나는 와인이다. 보통 오크 숙성은 진행하지 않는다.

오리건 피노 그리 Oregon Pinot Gris **($-$$)** 오리건에서 가장 대표적인 화이트 와인이다. 샤르도네와 유사한 와인으로 플로럴한 아로마가 더욱 강한 것이 특징이다. 소비뇽 블랑이나 리슬링 품종에 비해 산도가 낮고 배와 멜론 향이 난다.

풀 바디 화이트 와인

풀 바디 화이트 와인은 보통 오크통에서 숙성을 진행하며 알코올 도수가 14도 이상이다. 따뜻한 기후에서만 생산되는 것은 아니지만 햇빛이 강하고 온도가 높을수록 더 잘 만들어지는 것은 사실이다.

샤토네프 뒤 파프 블랑 Châteauneuf-du-Pape Blanc **($$$)** 프랑스 남부에 위치한 론 밸리의 재래 품종들을 블렌딩하여 만든 와인이다. 질감이 풍부한 그르나슈 블랑Grenache Blanc 품종이 주를 이루며, 부드러운 루산Roussanne과 산도가 높은 클레레트Clairette와 픽풀Picpoul도 함께 사용해서 만든다. 입안이 코팅되는 듯한 느낌을 주며 인동덩굴과 황도의 향이 나는 화이트 와인이다.

캘리포니아 샤르도네 California Chardonnay **($$-$$$)** 낮은 산도부터 중간 정도의 산도까지 생산한다. 노란 사과와 레몬, 탄제린 향이 나고 오크 숙성을 통해 버터를 바른 토스트와 바닐라의 풍미를 담고 있다. 요즘은 스타일의 범위가 더 넓어지고 있다.

보르도 블랑 Bordeaux Blanc **($-$$$)** 새큼한 소비뇽 블랑과 점성이 있고 크리미한 세미용Sémillon을 섞어 만든다. 새 프렌치 오크통french oak barrel에서 발효와 숙성을 진행해 브리오슈 토스트와 바닐라 향을 입히는 고가의 스타일도 있다.

리오하 블랑코 Rioja Blanco **($-$$$)** 보르도 화이트 와인처럼 스타일이 다양한데, 산뜻한 스타일도 있고 오크 숙성이나 병 숙성 기간이 길어 토스트와 견과류의 풍미가 짙게 느껴지는 스타일도 있다. 열대 과실의 향이 느껴지고 산도는 중간 정도인 비우라Viura 품종을 주로 사용한다.

아로마틱 화이트 와인

잠시 바디에서 벗어나 보자. 입안에서 느껴지는 무게감보다 와인의 향을 즐기며 아로마틱 와인에 매력을 느끼는 사람들도 있다. 이들을 위해 아로마 화합물이 풍부한 포도로 만드는 와인들을 소개하고자 한다.

아로마가 풍부한 품종으로 만든 와인에서는 달달한 향이 나는 경우가 많은데 사실 과학적인 이유가 있는 것은 아니고 우리가 특정 향을 단맛과 연결 지어 생각하기 때문이다. 그래서 드라이한 화이트 와인에 깜박 속기도 한다. 잔당이 거의 없는 와인이라도 독특한 아로마를 맡으면 달달한 맛을 기대하게 되기 때문이다.

콩드리유Condrieu **($$$)** 콩드리유는 프랑스 북부에 위치한 론 밸리의 작은 마을로, 비오니에Viognier 포도로 만드는 독특한 질감과 강한 향을 지닌 와인으로 유명하다. 캐모마일과 허브의 아로마가 느껴지며 밀랍과 짙은 감귤류 과실 향도 나타난다.

게뷔르츠트라미너Gewürztraminer **($$-$$$)** 게뷔르츠트라미너는 전 세계 포도 중 향이 가장 강한 품종으로 알려져 있는데 핵과 과일, 리치, 장미 꽃잎, 생강, 육두구(너트맥)의 아로마를 느낄 수 있다. 프랑스 알자스에서 재배된 게뷔르츠트라미너의 품질이 가장 좋은 것으로 평가된다.

독일 리슬링 German Riesling **($-$$$)** 드라이 또는 오프 드라이 스타일로 아주 라이트한 와인부터 풍미가 짙고 농축된 와인까지 포도의 수확 시기에

따라 다양한 스타일로 만들어진다. 리슬링Riesling 품종의 강한 아로마에서는 야생화, 백도, 젖은 돌 향이 느껴지고 아로마가 더 짙게 농축되면 석유와 계피 향도 느낄 수 있다.

토론테스Torrontés **($-$$)** 토론테스는 아르헨티나의 대표적인 청포도 품종으로 뚜렷한 플로럴 아로마와 가벼운 느낌이 특징이다. 오크 숙성을 진행하지 않으며 잘 익은 복숭아와 살구 향이 나고 산도는 중간 정도이다.

뉴질랜드 소비뇽 블랑 New Zealand Sauvignon Blanc **($-$$)** 소비뇽 블랑 포도로 만드는 와인 중 톡 쏘는 향이 가장 강하다. 구스베리, 피망, 허브, 자몽 아로마가 느껴지고 구아버, 망고 같은 열대 과일의 아로마도 느낄 수 있다.

로제 와인

로제 와인은 적포도로 만드는데, 포도즙에 포도 껍질을 함께 넣고 몇 시간에서 길게는 며칠씩 두어 색과 타닌, 풍미 화합물을 추출한다. 로제 와인의 빛깔은 포도 품종의 색과 마세라시옹 시간에 따라 다양하게 나타난다. 화이트 와인과 비슷한 온도로 마시면 된다.

샴페인 로제 Champagne Rosé **($$$)** 피노 누아Pinot Noir와 피노 뫼니에 Pinot Meunier를 함께 사용하거나 둘 중 한 품종만 사용해 만든다. 아로마틱하고 풍부한 질감과 무게감이 느껴지며 신맛이 강하고 맛의 여운이 길게 남는 복합미가 뛰어난 와인이다. 레드커런트, 핑크 자몽, 야생 딸기의 향에 더해 돌에서 느껴지는 흙 내음과 드라이플라워, 빵 반죽, 구운 견과류, 스모크 향도 느낄 수 있다.

프로방스Provence **($-$$$)** 프랑스 남부의 마르세유와 가까운 프로방스는 연어 살색에 가까운 핑크빛을 띤 향기로운 로제 와인으로 유명하다. 방돌 지역이 대표적이며 지중해 연안을 따라 재배하는 그르나슈

Grenache와 무르베드르Mourvèdre 등의 포도로 만들어 시큼한 커런트와 야생 딸기의 느낌에 플로럴한 미네랄의 풍미가 어우러진다. 라벤더와 허브 향도 살짝 더해진 아주 흥미로운 아로마를 보여준다.

피노 누아 로제 Pinot Noir Rosé **($$)** 부르고뉴와 캘리포니아, 오리건에서 생산되며 노블 그레이프Noble Grape 품종으로 만든 로제 와인이다. 산뜻한 산미가 크랜베리, 딸기, 체리 등 시큼한 붉은 과일류의 아로마를 뒷받침해준다.

네비올로 로사토 Nebbiolo Rosato **($$)** 이탈리아 피에몬테와 롬바르디아 지역에서 생산되며 노블 그레이프 품종으로 만든 로제 와인으로, 향긋한 흙냄새와 과실 향이 잘 어우러진다.

라이트 바디 레드 와인

라이트 바디 레드 와인의 알코올 도수는 보통 12.5도 아래이다. 오크 숙성의 영향을 많이 받는 스타일의 와인이다. 산미가 뚜렷하고 도수가 비교적 낮아서 어떤 음식이든 잘 어울린다. 라이트 바디 레드 와인은 저장고 온도인 13도 정도로 마시면 좋다.

레드 버건디 Red Burgundy **($$~$$$)** 피노 누아Pinot Noir의 정수로 평가되는 와인이다. 스타일에 따라 미디엄 바디나 풀 바디가 될 수 있다. 다크 체리의 과실 향이 퍼지며 덤불의 아로마와 미네랄도 느껴진다. 타닌은 신세계 지역의 피노 누아에 비해 강한 편이다.

쥐라 레드 Jura Reds **($$)** 풀사르Poulsard나 트루소Trousseau 등의 품종으로 만드는 쥐라 레드 와인은 아주 섬세하다. 프랑스 동부에 위치한 쥐라는 자연을 즐길 수 있는 전원 지역으로 야생 라즈베리 등 삼림 지대의 과실 아로마가 살아 있는 레드 와인으로 유명하다.

윌라멧 밸리 피노 누아 Willamette Valley Pinot Noir **($$)** 1960년대에 오리건 주에 위치한 윌라멧 밸리에서 처음 피노 누아를 재배하기 시작했고 빠르게 세계적인 명성을 얻었다. 체리의 맛, 은은한 스모키 향, 젖은 흙냄새와 함께 신선하고 부드럽게 감도는 레드 와인이다.

갈리시안 레드 와인 Galician Red Wine **($$)** 스페인의 리베이라 사크라 등의 아펠라시옹에서 생산되는 와인이다. 톡 쏘는 검은 과실류의 풍미와 후추, 허브 향까지 느낄 수 있는 멘시아 Mencia 품종을 주로 사용한다. 미디엄 바디로 분류되기도 하며 단단한 타닌과 크랜베리, 석류, 바이올렛의 향을 느낄 수 있다.

보졸레Beaujolais **($-$$)** 보졸레는 프랑스 부르고뉴 남쪽 끝에 있는 지역으로, 가메 Gamay 포도로 만든 밝은 빛의 레드 와인으로 유명하다. 가메 포도는 피노 누아와 비슷해 타닌이 부드럽고 포도 알이 아삭하지만 과즙은 더 많은 편이다.

미디엄 바디 레드 와인

바디가 더 무거워진다는 것은 포도와 오크통에서 추출되는 타닌이 더 강해지고 알코올 도수가 더 높아진다는 의미로, 미디엄 바디 레드 와인의 알코올 도수는 12.5~14.5도이다. 하지만 바디가 무겁다고 해서 와인의 색이 짙어지는 것은 아니다. 색이 짙은 라이트 바디 와인도 있고 색이 옅은 풀 바디 와인도 있다. 미디엄 바디 레드 와인은 16~18도 온도로 마시는 것이 적절하다.

북부 론 시라 Northern Rhône Syrah **($$-$$$)** 아펠라시옹에 따라 미디엄 바디 와인이나 풀 바디 와인으로 생산된다. 짙은 자줏빛 와인으로 산딸기나 자두 같은 검푸른 과실류, 구운 고기, 흑후추, 라벤더, 올리브의 향을 느낄 수 있다.

리오하Rioja **($$-$$$)** 리오하는 스페인에서 레드 와인으로 가장 유명한 지역이다. 템프라니요Tempranillo 포도를 사용하며 버찌 증류주인 키

르슈Kirsch의 맛을 느낄 수 있고 오랜 오크 숙성으로 삼나무와 초콜릿 향도 담겨 있다. 아주 부드러운 와인이며 피니시finish(와인의 뒷맛이나 여운)로 담배 향이 살짝 남는다.

캘리포니아 피노 누아 California Pinot Noir **($$-$$$)** 부르고뉴를 비롯한 구세계의 피노 누아보다 더 감미롭고 과실의 풍미가 가득 느껴진다. 이 부드러운 질감의 와인은 체리와 산딸기, 콜라, 바닐라, 덤불, 바이올렛의 향미를 지니고 있다.

산지오베제Sangiovese **($$)** 산지오베제는 이탈리아의 적포도 품종으로 보통 라이트 바디로도 만들지만, 토스카나 3대 생산지인 키안티Chianti, 노빌레 디 몬테풀치아노Nobile di Montepulciano, 브루넬로 디 몬탈치노Brunello di Montalcino에서는 미디엄 바디 와인으로 생산한다. 산도가 높고 타닌은 중간 정도이며 우거진 나무와 은은한 스모키 향이 느껴지고 블랙체리, 바이올렛, 젖은 흙의 아로마도 느낄 수 있다.

루아르 밸리 카베르네 프랑 Loire Valley Cabernet Franc **($-$$)** 부르게이와 시농 등의 아펠라시옹에서 생산되는 와인이다. 입안이 묵직한 느낌과 검은자두, 크랜베리, 피망, 젖은 점토 향을 가지고 있다.

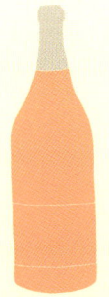

특별한
'오렌지 와인'
이야기

청포도를 껍질과 함께 넣어 발효하는 화이트 와인도 이제 더는 낯설지 않다. '오렌지 와인orange wine'이라 불리는 카테고리의 와인은 계속해서 성장하며 다양하게 즐길 수 있는 빛깔을 선보이고 있다. 이렇게 만든 화이트 와인은 로제 와인처럼 장밋빛을 띠기도 하는데, 특히 껍질이 회색빛인 피노 그리Pinot Gris 또는 피노 그리지오Pinot Grigio는 껍질을 아주 잠시만 함께 담가두어도 와인의 색이 핑크색이나 적갈색이 된다. 이탈리아 북동부에서 생산되는 라마토ramato 스타일 피노 그리지오가 그 예이다.

뚜껑이 없는 컨테이너나 오크통에서 발효해 산소에 많이 노출되고 마세라시옹을 오래 진행하면 셰리Sherry나 마데이라Madeira 종류처럼 오렌지색이나 캐러멜색이 된다. 드라이하고 발포성이 없으며 강화하지 않은 화이트 와인을 선택할 때에는, 색의 선명함을 살펴서 갈색이 감도는 것보다는 밝은 오렌지색을 고르는 것이 좋다.

풀 바디 레드 와인

15도 이상의 알코올 도수가 높은 와인도 어렵지 않게 볼 수 있는데 적절한 산도로 와인의 밸런스만 갖추어지면 전혀 문제 될 것이 없다. 알코올 도수가 14도 이상이면 모두 풀 바디 와인으로 본다. 묵직한 풀 바디 와인은 보통 따뜻한 기후에서 생산되며 오크 숙성을 통해 풍부한 향과 풍미를 가지고 있다.

바롤로 Barolo **($$$)** 이탈리아 피에몬테에서 생산되며 색이 굉장히 옅고 맑은 네비올로 Nebbiolo 포도로 만든다. 하지만 색과 달리 타닌과 알코올이 강하며 말린 레드체리와 블랙체리, 레드커런트, 담배, 타르, 장미 꽃잎, 발사믹, 젖은 잎사귀, 가죽의 아로마가 짙게 느껴진다.

브루넬로 디 몬탈치노 Brunello di Montalcino **($$$)** 이탈리아 토스카나에서 산지오베제 Sangiovese 포도로 만드는 와인 중 가장 강렬하다. 우거진 나무와 블랙체리의 과실 풍미에 오랜 기간 오크 숙성을 거치며 삼나무와 초콜릿 향이 더해진다.

아마로네 Amarone **($$$)** 이탈리아 북부에 위치한 발폴리첼라 지역의 특산 와인으로, 당을 농축시키기 위해 포도를 수확한 후에 말려서 사용한다. 붉은 과실류와 검은 과실류의 풍미가 진득하게 느껴지고 토피 사탕, 가죽, 강한 향신료 향이 난다.

진판델 Zinfandel **($$-$$$)** 진판델은 캘리포니아의 대표적인 품종으로 아주 오래된 포도나무에서 수확한다. 진판델로 만든 와인에서는 검은 자두, 브랜디에 절인 체리, 커피, 초콜릿, 흙먼지 향이 공통적으로 느껴지며 알코올은 강하지만 산도와 타닌은 약한 편이다.

보르도/나파 밸리 카베르네 소비뇽 Bordeaux/Napa Valley Cabernet Sauvignon **($$-$$$)** 보르도와 나파 밸리의 카베르네 소비뇽은 풍미가 짙고 구조감과 밀도감이 좋다. 블랙커런트, 블랙라즈베리, 자두, 시가 박스, 삼나무의

아로마가 느껴지고 허브와 월계수 잎의 향도 감돈다. 단단한 타닌이 구소석인 안정감을 준나.

워싱턴 스테이트 레드 Washington State Reds **($$-$$$)** 워싱턴 레드 와인 대부분은 건조한 기후인 워싱턴 동부에서 생산된다. 자두 향이 나는 풍성한 느낌의 보르도 스타일 블렌딩 와인과 시라 Syrah 품종으로 만드는 훌륭한 와인들이 있다.

샤토네프 뒤 파프 Châteauneuf-du-Pape **($$-$$$)** 프랑스 남부에 있는 론 밸리의 시그니처 레드 와인이다. 다양한 품종을 블렌딩하여 만드는데 모래나 자갈 토양에서 자라는 그르나슈 누아 Grenache Noir가 주 품종이다. 들풀, 라벤더, 감초 향이 마치 잼처럼 달고 강한 과실 맛을 돋보이게 해주고 점성이 있는 풍부한 질감을 뒷받침한다.

오스트레일리아 쉬라즈 Australian Shiraz **($-$$$)** 시라 품종을 아주 진하고 힘 있게 표현한 와인이다. 색이 거의 검은빛에 가깝고 아주 감미로운 질감이며 오디, 블랙커런트, 강한 향신료, 흑후추, 감초의 풍미가 어우러지고 유칼립투스 향도 느낄 수 있다.

아르헨티나 말벡 Argentine Malbec **($-$$$)** 밀도 있고 타닌이 강하며 보랏빛 과실류의 풍미를 지닌 와인이다. 블랙체리, 블랙베리, 석류, 다크 초콜릿, 바이올렛 향이 강하다.

디저트 와인

식사 후 디저트와 함께 즐기는 디저트 와인은 기본적으로 맛이 달다. 다양한 방법으로 포도즙에서 물을 추출해내어 포도의 당분을 농축시켜 달게 만든다. 유명한 디저트 와인인 빈티지 포트 Vintage Port처럼 발효가 끝나기 전에 포도 브랜디를 넣어 강화하는 방법도 있다.

디저트 와인으로 주로 스위트 와인이 이용되는데, 스위트 와인의 스타일은 둘로 구분할 수 있다. 당이 발효 과정을 거치지 않은 강화 와인과 당의 함량이 높아 발효가 끝나고도 알코올로 전환되지 않고 당이 남아 있는 와인으로 나눌 수 있다.

아이스바인Eiswein **($$$)** 보통 리슬링Riesling 포도로 만드는 독일 와인으로, 포도가 거의 얼어 수분이 빠지고 농축될 때까지 두었다가 아주 느지막이 수확한다. 신선한 산미와 함께 과즙이 흐르는 황도의 풍미가 느껴지며 풍부한 과실 향이 압도적이다.

소테른과 바르삭 Sauternes and Barsac **($$-$$$)** 보르도에서 스위트 와인으로 유명한 두 지역인 소테른과 바르삭에서는 소비뇽 블랑Sauvignon Blanc 과 세미용Sémillon 포도가 시들시들해지는 가을까지 수확을 기다린다. 그 사이 포도에 보트리티스Botrytis라는 잿빛곰팡이가 피면서 수분이 증발되고 당이 농축된다. 이 포도로 와인을 만들면 야생화 꿀, 구운 복숭아, 벌집, 살구, 헤이즐넛, 감귤류의 과일 향이 나는 달달한 금빛 과실주가 된다.

빈 산토 Vin Santo **($$-$$$)** 이탈리아, 특히 토스카나에서 생산되는 달달한 과실주로, 청포도를 건포도로 말려 압착하고 발효한 후 아주 작은 통에서 숙성한다. 호박색을 띠며 소테른Sauternes보다 견과류와 캐러멜 풍미가 강하다.

포트Port **($$-$$$)** 도루 밸리에서 생산되는 포르투갈의 전통적인 강화 와인이다. 포트 와인에도 여러 종류가 있는데 가장 유명한 것은 과실의 풍미가 밀도 있게 느껴지는 달달한 빈티지 포트Vintage Port로 강화 직후에 병에 넣어 수십 년 동안 숙성하기도 한다.

모스카토 다스티 Moscato d'Asti **($)** 모스카토 포도로 만드는 이탈리아의 화이트 와인으로, 가벼운 느낌에 약한 발포성이 있는 프리잔테frizzante 와인(반 발포성 와인)이다. 발효를 도중에 중단시키는 방식으로 만들고 복숭아와 화이트 플라워의 향을 느낄 수 있다.

바르셀로나 ★

마드리드 ★

안달루시아
헤레스

셰리

스페인 안달루시아 지방의 헤레스에서 생산하는 셰리Sherry는 많은 노동력을
투입해 만드는 강화 와인이다. 주로 팔로미노Palomino 포도로 생산하며 산미
가 강한 푸드 프렌들리 와인food-friendly wine으로 다양한 음식과 잘 어울린
다. 강화 작업을 언제 하느냐에 따라 다양한 스타일이 만들어진다.

만사니야 Manzanilla	산뜻하고 짭짤하며 견과류의 풍미가 느껴진다.
피노 Fino	색이 옅고 라이트하며 톡 쏘는 향이 있다.
아몬티야도 Amontillado	색이 조금 짙고 헤이즐넛과 말린 과실류의 풍미가 느껴지며 드라이하거나 살짝 스위트하다.
올로로소 Oloroso	호박색을 띠고 드라이하며 오랜 숙성으로 산화된 향이 느껴지고 밀도감이 좋다.
페드로 히메네스 Pedro Ximénez	햇볕에 건조한 히메네스 포도로 만들며 색이 짙고 스위트하다.

4

와인
테이스팅

소믈리에처럼 와인 테이스팅을 하기 위해서는 모든 감각을 온전히 집중하면서 차근차근 단계를 밟아 나가야 한다. 조금 이상해 보이거나 과장하는 것 같겠지만 따라 하다 보면 테이스팅으로 와인의 가치를 높이고, 또 그 가치를 설명할 수 있다는 것을 깨닫게 될 것이다. 테이스팅 은 와인을 머금고 가글하듯 입안을 휘젓는 정도로 끝나지 않는다. 와인 테이스팅의 기본이 되는 시각, 후각, 미각, 평 가 4단계를 '그리드grid'라고 하는데, 소믈리에를 꿈꾸는 사람이든 일상에서 와인을 즐기는 사람이든 이 그리드를 잘 알고 있어야 한다. 그리드는 소믈리에의 테이스팅으로 향하는 지도와도 같다.

당신의 눈동자에 건배

와인을 가만히 바라보기만 해도 알 수 있는 것이 많다. 색의 빛깔과 투명도, 강도, 점성을 통해 와인을 만든 포도와 기후, 숙성 기간, 바디가 어떠한지, 오크 숙성을 했는지, 여과를 거쳤는지, 어떤 결함이 있는지도 알 수 있다. 정말이다. 연습하면 이 모든 것을 와인을 보기만 해도 가능할 수 있게 된다.

소믈리에가 빛을 향해 와인 잔을 들고 잔뜩 심각한 표정으로 바라보는 모습을 본 적 있지 않은가. 빛에 비추어 보는 것도 투명도를 확인하는 좋은 방법이지만, 와인의 모습을 가장 정확히 판단하려면 밝은 곳에서 식탁보나 종이 같은 흰 배경 앞에 두고 관찰해야 한다. 와인을 잔에 담아서 흔들어볼 수 있는 한 모금 정도의 60~90ml(2~3온스)만 따라 몸에서 먼 쪽으로 기울여보자. 기울어진 와인이 만드는 타원을 보면 가운데 부분인 '코어core'의 색이 더 짙고, 가장자리 부분인 '림rim'으로 갈수록 옅어지는 것을 볼 수 있다. 와인에서 무엇을 봐야 하는지, 바라보면 와인이 무엇을 말해주는지 하나씩 알아보자.

빛깔

화이트 와인의 색은 숙성 기간, 포도 품종, 오크 숙성 여부 등 여러 요인에 따라 물처럼 맑고 투명한 빛부터 짙게 빛나는 금색까지 여러 빛깔을 낸다. 숙성 과정에서 점차 산화가 진행되면서 색이 더 짙어진다. 하지만 '갈변browning'이 너무 과하면 최적의 숙성 타이밍을 놓쳤거나 결함이 생긴 것일 수 있다. 반면 숙성 기간이 짧은 영young 화이트 와인의 침전물에는 노란색과 금색뿐 아니라 녹색 알갱이도 섞여 있다.

청포도에는 적포도보다 색소가 적긴 하지만, 화이트 와인에도 컬러 스펙트럼이 있다. 대표적인 예로 리슬링Riesling과 소비뇽 블랑Sauvignon Blanc은 밀짚 같은 노란색이나 은색, 녹색을 띠고 샤르도네Chardonnay는 짙은 황금색이다. 오크통에서 숙성한 화이트 와인은 빛깔이 조금 더 짙은데 나무판자의 작은 틈 사이로 소량의 산소가 유입되어 산화하기 때문이다.

반대로 레드 와인은 숙성이 진행되면서 색이 점차 옅어져서 숙성 초기에는 진하고 선명한 가넷색이나 루비색, 자주색이었다가 숙성 기간이 길어지면 조금 연한 벽돌색이나 오렌지색, 호박색이 된다. 레드 와인의 색 변화도 산화가 원인인데, 시간이 지나면서 와인 속에 녹아 있던 타닌 입자들이 결합하여 침전물로 가라앉으며 분리되기 때문이다. 레드 와인 속에는 여러 가지 많은 고형물이 녹아 있어서 영 레드 와인 중에는 완전한 불투명에 가까운 와인도 있으며, 불투명한 와인은 아주 무거운 풀 바디이거나 여과를 거치지 않은 스타일일 수 있다.

적포도는 색조가 무척 다양하다. 상대적으로 두꺼운 포도 껍질도 원인이긴 하지만 사실 레드 와인의 색에는 다양한 요인이 영향을 미친다. 포도 품종 중 피노 누아Pinot Noir는 다홍색으로 색이 밝은 편인 반면, 시라 Syrah 포도는 훨씬 진하고 어두운 자주색으로 거의 검은색에 가까운 경우도 있다. 레드 와인의 색에는 산도도 영향을 미친다. 와인의 화학 성분에 따라 산도가 높으면 붉은빛이 더 뚜렷하고 산도가 낮으면 자줏빛이나 파란빛에 더 가깝다.

색의 강도

화이트 와인이든 레드 와인이든 숙성 기간이 길지 않은 영 와인일수록 색이 밝고 채도가 높으며 그 차이는 색이 연한 와인이어도 알 수 있다. 코어에서 림까지 색상 변화가 거의 없는 와인도 있는데 이 경우는 숙성 기간이 길지 않은 '풀 바디 와인'이라고 보면 된다.

햇볕을 많이 받으면 창가에 놓아둔 사진의 색이 변하는 것처럼 시간이 지나면서 화이트 와인의 색은 진해지고 레드 와인의 색은 연해진다. 와인이 초기의 색을 얼마나 오래 유지하느냐에 따라 와인의 품질과 보관 환경의 상태를 가늠해볼 수도 있다.

점성

잔 속 와인을 흔들어보자. 와인이 잔의 안쪽 면을 따라 '다리legs'나 '눈물 tears' 모양을 그리며 흘러내리는지 살펴보자. 흘러내리는 모양을 통해 와인 속 글리세린과 알코올의 함량을 의미하는 점성을 확인할 수 있다. 점성이 높을수록 무거운 풀 바디 와인이며 알코올 함량이 높다.

STEP 2
코는 알고 있다

향이 맛에 영향을 미치는 것은 사실이다. 그렇기 때문에 와인의 향을 맡는 것, 노징nosing은 테이스팅 단계에서 가장 중요한 과정이라고 할 수 있다. (그렇다. 와인광들은 코nose를 동사로 쓰기에 이르렀다.) 와인에는 반하지 않을 수 없을 정도로 다양한 아로마가 있다. 발효 과정에서 생성되는 에스테르와 알데히드를 비롯한 수백 가지 화합물이 만들어내는 향이 으깬 포도의 영역 그 이상의 세계로 우리를 인도한다.

캘리포니아 주립대학교의 와인양조학 교수 앤 노블Ann Noble이 1980년대에 만든 유명한 와인 아로마 휠을 보면 과일과 토양, 나무의 향과 발효로 만들어지는 향까지 와인에서 느낄 수 있는 향을 모조리 모아놓았다. 와인의 아로마를 정리해놓은 이러한 표는 라벨을 보지 않고 와인을 구분하고자 할 때 큰 도움이 될 뿐 아니라 일상 속에서 와인을 즐기는 사람들이 머릿속에 와인들을 정리하고 자신이 원하는 와인을 찾아나가는 과정에도 도움이 된다.

다음은 아로마를 평가할 때 지켜야 하는 3가지이다. 향수를 사용하지 말아야 하고, 아로마 화합물이 퍼져나가도록 와인을 흔들 수 있는 다리가 긴 와인 글라스를 사용해야 한다. 또 너무 차가우면 향이 나지 않고 너무 뜨거우면 알코올이 과도하게 강해지므로 온도에 유의해야 한다. 화이트 와인은 4도에 보관해서 10~13도 사이로 마시고, 레드 와인은 16~18도 정도로 마시는 것을 권한다.

포도의
품종별 색상
모아보기

와인 제조에 사용되는
주요 포도 품종들이다.
각 품종이 가지고 있는 다양한
컬러 스펙트럼에 대해 알아보자.

● 청포도

리슬링 Riesling	밀짚색 / 은색 / 녹색
그뤼너 벨트리너 Grüner Veltliner	밀짚색 / 은색 / 녹색
알바리뇨 Alvarinho	연한 노란색 / 녹색
소비뇽 블랑 Sauvignon Blanc	노란색 / 금색
슈냉 블랑 Chenin Blanc	중간 정도의 금색
피노 그리 Pinot Gris	노란색 / 금색 / 구리색
피노 그리지오 Pinot Grigio	노란색 / 금색 / 구리색
샤르도네 Chardonnay	진한 노란색 / 금색
비오니에 Viognier	진한 노란색 / 금색

※ 프랑스에서 재배되는 '피노 그리'와 이탈리아의 '피노 그리지오'는 같은 품종이다.

● 적포도

산지오베제 Sangiovese	연한~중간 정도의 가넷색
네비올로 Nebbiolo	중간 정도의 가넷색 / 벽돌색
피노 누아 Pinot Noir	다홍색 / 루비색 하이라이트
그르나슈 Grenache	다홍색
템프라니요 Tempranillo	연한~중간 정도의 루비색
메를로 Merlot	진한 루비색 / 가넷색 / 자홍색
진판델 Zinfandel	진한 루비색 / 가넷색
카베르네 Cabernet	진한 루비색 / 자주색 / 검은색
시라 Syrah	진한 루비색 / 자주색 / 검은색
말벡 Malbec	진한 루비색 / 자주색 / 검은색
알리아니코 Aglianico	진한 루비색 / 자주색 / 검은색

와인 잔을 들고 한 바퀴 흔든 다음 향을 맡는다. 사냥개처럼 킁킁거리는 것이 아니라 가볍게 숨을 내쉬고 부드럽게 들이마신다. 그러면 다음의 순서대로 아로마가 느껴질 것이다.

1차 향

사과, 감귤, 체리, 허브, 미네랄 향처럼 포도와 토양에서 만들어지는 향이다. 시간이 지나면 향만 맡아도 포도 품종이 무엇이고 어디에서 생산된 와인인지 연결 지어 찾아낼 수 있게 된다. 풋사과의 향인지 아니면 노란 사과의 향인지 구별해보자.

더 쉽게 시작하자면 멜론 향인지 감귤류 향인지 판단해보자. 프랑스의 루아르 밸리에서 자라는 소비뇽 블랑을 생각하면 자몽 향이 떠오르고, 독일의 리슬링은 백도 향, 카베르네 소비뇽은 블랙커런트 향이 떠오른다. 어떤 과일인지 짚어내는 것에서 더 나아가 과일의 익은 정도에 집중해보자. 아직 며칠 더 두고 기다려야 먹기 좋게 익는 백도의 향인지, 과즙이 흘러내리고 살짝 멍이 든 백도의 향인지, 아니면 설탕에 졸인 백도의 향인지 집중해보자.

와인은 과일뿐 아니라 허브, 채소, 꽃, 향신료, 돌, 흙 등 자연에서 느낄 수 있는 다른 아로마들도 가지고 있다. 예를 들어 카베르네 프랑에서는 피망 향을 느낄 수 있다. 샹파뉴처럼 석회암 땅에서 자란 포도로 만든 와인은 백악질 토양의 향이 뚜렷하다. 부르고뉴의 피노 누아는 선명한 레드 체리의 향에 덤불과 숲 바닥의 향이 섞여 있다. 이렇듯 포도와 와인에는 그 자연환경을 반영하는 향이 담긴다. 대서양 연안에서 자라는 청포도인 프랑스의 뮈스카데와 스페인의 알바리뇨는 바다 내음을 지닌 대표적인 품종이다. 많은 지중해 와인에서는 허브 향을 느낄 수 있는데 모두 세이지, 로즈마리, 라벤더 등 허브 식물이 자라는 관목 지대가 생산지 가까이에 있기 때문이다.

다양한 포도 품종과 생산 지역 그리고 이 정보들을 고스란히 담고 있는 아로마를 더 잘 이해하게 되면, 와인이 가득한 매장에서도 훨씬 명쾌하게 자신이 좋아하는 와인과 그렇지 않은 와인을 구분할 수 있을 것이다.

2차 향

발효와 숙성을 거치며 만들어지는 향이다. 발효 과정에서 생성되는 화합물들이 아로마를 만들고, 효모는 부풀어 오르는 빵 반죽이나 크림 같은 아로마를 더한다. 이러한 효모 향은 리스lees와 접촉하는 시간이 긴 화이트 와인에서 더욱 잘 느껴진다. 오크 숙성을 거치면 화이트 와인에는 버터를 바른 토스트와 바닐라 향이, 레드 와인에는 토피 사탕과 초콜릿, 스모크 향이 더해진다. 우드 타닌과 당을 많이 함유한 새 오크통에서 숙성하면 그 향이 더 강해진다.

3차 향

3차 향은 시간이 지나면서 산소와 와인 속 화합물이 상호작용하여 와인의 화학적 구성을 변화시키는 숙성 과정에서 만들어진다. 3차 향이 모든 와인에 있는 것은 아니다. 신선한 느낌보다는 말린 과일류나 꽃, 허브 향이 난다. 또 과일이 아닌 향도 나는데 레드 와인에서는 가죽, 젖은 이파리, 담배 향이 나고 화이트 와인에서는 꿀, 캐러멜, 건포도, 헤이즐넛 향이 난다.

결함 찾기

와인에는 과일 내음이나 꽃향기처럼 매력적인 향만 있는 것은 아니다. 와인의 결함을 알려주는 유쾌하지 않은 향도 있다. 와인에 생기는 결함은 와이너리에서 미생물의 작용을 통제하지 못해서 발생하는 경우가 대부분이고 보관이나 저장 불량으로 인한 결함도 있다. 흔히 발생하는 결함은 다음과 같다.

산화

산소에 너무 많이 노출되면 와인의 맛과 향이 단순하고 둔해지며 과하게 갈변한다. 최상의 보관 기간을 이미 지나쳤거나 결함이 생긴 상태일 수 있고 와인을 옆으로 눕히지 않고 똑바로 세워 보관해 코르크가 말라버려 산화되었을 가능성도 있다. 아니면 단순히 너무 오래 열어둔 와인일 수도 있다. 산화된 화이트 와인과 레드 와인에서는 호두와 캐러멜, 과숙된 사과의 아로마가 느껴진다.

TCA와 코르크드 와인

'TCA'는 트리클로라니솔trichloranisol의 약어로 코르크를 살균하기 위해 사용되는 염소가 페놀과 화학 작용을 하며 자연적으로 생성되는 화합물이다. TCA의 젖은 마분지 같은 퀴퀴한 냄새가 와인으로 퍼져 나가게 되는데 이 곰팡이 냄새는 잘 감지되지 않는 것부터 완전히 눅눅한 것까지 강도가 다양하게 나타난다. 천연 코르크가 오염되는 경우는 전 세계 와인의 3% 정도라고 하며, 이를 '코르크드 와인corked wine'이라고 한다. 하지만 퀴퀴한 TCA 냄새는 어디에서든 발생할 수 있다. 와이너리 전체가 TCA로 오염되는 경우도 있다. 인체에 유해한 것은 아니고 냄새가 좋지 않을 뿐이다.

브렛

흔히 '브렛brett'이라 일컫는 브레타노미세스brettanomyces는 야생 효모의 일종이다. 이 효모는 말 담요, 땀에 젖은 안장, 반창고 등으로 표현되는 불쾌한 냄새의 휘발성 아로마 화합물을 만들어낸다. TCA와 마찬가지로 냄새의 강도나 사람마다 느끼는 민감도는 다양하게 나타난다. 강도가 낮은 브렛은 기분 좋은 시골 냄새 정도로 느껴질 수 있지만, 강도가 높으면 '농장'의 냄새가 모든 향을 압도할 수 있다.

휘발성 산

휘발성 신 volatile acidlty 은 약어로 'VA'로 표시하며, VA 역시 적절한 강도가 중요하다. VA는 아세트산을 생성하는 박테리아가 만들어내며 식초나 매니큐어 같은 향이 난다. 발효 과정에서 촉매인 산소에 상대적으로 많이 노출되는 레드 와인에서 발생할 가능성이 높다. 강하지 않은 VA는 와인의 품질과 향을 한층 살려준다고 평가되기도 한다.

휘발성 황

살균제와 방부제로 사용되는 황에서 나는 그을린 성냥이나 부싯돌 냄새도 지나치면 문제가 된다. 심하면 썩은 달걀 냄새가 나기도 하는데 와인이 산소와 접촉하면 날아가 없어지는 아로마이다. 밀폐된 스틸 탱크에서 발효와 숙성을 진행하는 신선한 화이트 와인처럼 산소 접촉을 최소화한 환원 reduction 형태 환경에서 만들어진 와인은 처음 개봉했을 때 휘발성 황의 아로마가 퍼질 수 있지만 곧 사라진다.

빛과 열에 의한 손상

와인 병이나 보관 셀러가 어두운 색인 이유는 자외선이 와인에 영향을 미치기 때문이다. 빛에 손상된 와인은 씻겨 내려간 듯 아로마의 특성이 단순해진다. 과도한 열이나 급격한 온도 변화로 인해 손상된 와인도 맛과 향이 단순해지며 심하게 손상되면 열화 현상으로 산화한다.

STEP 3
머금고 맛을 보다

드디어 와인을 맛볼 시간이다. 와인을 조금 머금고 혀 위의 와인에 공기가 통하도록 입술 사이로 숨을 들이마셔보자. 그러면 비강 뒤쪽에 있는 후각 수용체를 자극할 수 있다. 와인 박람회에 가면 와인으로 이를 닦기라도 하듯 '후루룩' 소리를 내어가며 요란하게 와인을 맛보는 사람들도 있다. 불필요하고 불쾌한 모습이다. 뜨거운 수프를 마실 때처럼 조심스럽고 섬세하게 공기를 들이마시는 방법으로 완벽하게 와인의 맛을 즐길 수 있다.

이제 미각과 촉각이 반응할 단계이다. 와인의 맛과 질감이 어떠한지 평가해보자. 익숙해지면 맛과 질감에 따라 포도 품종과 생산 지역을 연결 지어 찾아낼 수 있게 된다. 이렇게 맛 기억을 연결 짓는 연습은 와인 매장에서 원하는 와인을 고르거나 식당에서 소믈리에에게 좋아하는 와인을 설명할 때 아주 확실한 도움이 된다.

테이스트 프로필

와인의 테이스트 프로필taste profile은 정리하기 어렵지 않다. 소믈리에 테이스팅 그리드를 참고해 스스로 질문해보자. 어떤 과실의 맛이 가장 강하게 느껴지는가? 얼마나 강한가? 오크 숙성에서 생겨나는 바닐라나 토스트의 맛도 느껴지는가? 과실이 아닌 아로마 중에는 무엇이 느껴지는가? 머지않아 라벨을 보지 않고도 어떤 와인인지 맞힐 수 있을 것이다.

와인의 특성에 따라 타닌과 신맛이 주요할 수도 있지만, 보통은 단맛 또는 단맛에 대한 경험이 테이스트 프로필의 아주 큰 부분을 차지한다. 단맛은 혀끝에서 가장 민감하게 감지되는데, 사람마다 달게 느끼는 정도가 조금씩 다르다. 전 세계 수많은 와인 생산 지역마다 다양한 기준으로 '드

[당도의 단계]

▶ 드라이 : 리터당 0~10g
▶ 오프 드라이 : 리터당 10~18g
▶ 세미 스위트 / 드미섹 : 리터당 18~50g
▶ 스위트 : 리터당 50~120g
▶ 매우 스위트 : 리터당 120g 이상

라이' 와인과 '스위트' 와인을 구분하고 그 사이에 '오프 드라이'나 '세미 스위트' 등 여러 스타일을 규정한다. 보통 1리터당 포함된 당의 그램수를 기준으로 한 것이다. 일반적으로 활용되는 기준은 아래와 같다.

사실 '스위트'는 조심스럽게 써야 하는 용어인데, 사람마다 느끼는 단맛의 정도가 다르기도 하고 아쉬운 부분을 숨겨야 하는 질 낮은 와인과 단맛을 묶어 생각하는 경우가 많기 때문이다. 하지만 아주 약간의 당이 우리가 사랑하는 카베르네의 풍성한 질감을 완성시킨다. 독일 리슬링 같은 와인에는 잔당이 많이 들어 있는데, 높은 당도가 자연적으로 생성된 높고 신선한 산도에 의해 상쇄되면서 혀끝에 진득한 단맛이 느껴지다가 드라이하게 마무리되는 감각의 묘기를 부린다. 바로 이어서 와인의 구조를 살펴보고 이 구조가 테이스팅에 어떤 역할을 하는지 알아보자.

와인의 구조

와인의 주요 구성 요소에는 '단맛' 외에도 '신맛'과 '타닌', '알코올', '바디'가 있다. 신맛은 와인의 구조에서 핵심적인 역할을 하는데 혀의 양옆에서 느껴지며 침샘 반응을 일으킨다는 점에서 타닌 및 알코올과 구분한다. 산도가 높은 와인에서는 활력 넘치는 생생함과 신선함을 느낄 수 있다.

타닌은 포도 껍질과 오크통에서 추출되는 페놀 화합물로 혀의 중간이나 뒤쪽에서 잘 느껴지며 씁쓸한 맛을 낸다. 타닌의 농도가 높아지면 마치 수건으로 혀를 닦아낸 것처럼 입안이 마르는 듯한 느낌이 든다. 타닌은 시간이 지나며 산소와의 화학 작용으로 입자들이 결합하고 부드러워진다.

알코올이 많을수록 점성을 높이는 글리세롤도 많아지기 때문에 알코올과 바디는 밀접하게 관련된 요소이다. 하지만 알코올 외에도 바디에 영향을 미치는 요인들이 있는데 와인이 포함하고 있는 와인 추출물(와인 속에 녹아 있는 모든 고형물)의 양도 그중 하나이다. 와인 추출물은 입안에서 느껴지는 무게감에 영향을 미치며 특히 레드 와인에 많이 들어 있다. 15도 이상으로 알코올 도수가 높으면 코와 입에서 약간의 열이 느껴질 수 있다.

와인이 열린다

잔을 가볍게 흔들며 와인을 공기와 최대한 접촉시켜서 숨어 있던 풍미를 끌어올릴 수 있다. 이때 '와인이 열린다'고 표현한다. 특히 영 와인일수록 잘 열리지만, 와인을 오픈하고 30초 이내의 상태로 평가를 내려선 안 된다. 병 안에서도 와인의 화학 작용은 계속되는데 산소와 와인 속 화합물이 만나게 되면 아로마가 퍼져나가고 타닌 입자도 부드럽게 풀어진다.

영 와인을 잔이나 디캔터에 잠시 놓아두고 와인이 열려 피어나는 모습을 보면 정말 놀랍다. 반면 숙성 기간이 아주 긴 올드 와인은 오픈하는 순간부터 색과 맛의 선명함을 잃으며 그대로 무너져 내리기도 한다.

STEP 4
자, 어떻게 생각하세요?

맛본 와인들의 좋고 싫은 나의 취향을 적어보자. 산도가 높은 와인과 낮은 와인 중 어느 쪽이 좋은지, 오크 숙성의 영향을 받은 와인이 좋은지, 타닌의 강도는 어느 정도가 좋은지, 풀 바디 와인과 라이트 바디 와인 중 어떤 것이 좋은지, 토양의 향이 좋은지, 과실 향이 좋은지 적는다. 그리고 무엇보다 중요한 것은 좋거나 좋지 않은 이유를 아는 것이다.

와인의 밸런스

이제는 좀 더 넓은 관점에서 와인의 모든 요소들이 조화를 이루고 특정 요소나 결함이 두드러지지 않는지 평가할 차례이다. 우리의 삶에서 밸런스가 중요하듯이 와인에서도 밸런스는 아주 중요한 역할을 한다. 입술을 오므리게 만드는 신맛인지 아니면 산뜻하고 신선한 신맛인지, 이가 떨리게 강한 타닌인지 아니면 살짝 마르는 정도의 기분 좋은 타닌인지, 과실의 풍미만 있고 토양의 풍미는 없는지, 오크 풍미기 괴히지 않은지, 도수는 높지 않은지 살펴보자.

와인의 숙성 기간이 얼마 되지 않은 상태에서는 여러 요소가 모두 강하게 느껴질 수 있지만, 시간이 지나면서 마치 뜨개질을 하듯 와인의 밸런스가 완성되어간다.

복합미

80% 이상이 그냥 물임에도 불구하고 와인의 아로마와 맛, 질감의 범위는 무한에 가깝다. 향긋하고 긴 여운이 남는 와인의 끝 맛, 피니시 finish가 있는 와인도 있고 한 모금 삼키고 나면 혀와 기억에서 맛이 사라져버리는 와인도 있다. 우리가 경험할 수 있는 가장 긴 '피니시'는 감각 기억이라고 할 수 있는데 전두엽에 아주 강력한 감각 기억을 남기는 와인들이 있다.

테이스팅 경험을 남겨두자

나만의 평가표를 만들어 별점이나 등급, 점수 또는 이모티콘으로 기록을 남겨두면 테이스팅 경험을 기억하는 데 도움이 된다. 시각, 후각, 미각, 질감/바디로 단순화한 그리드를 활용해 와인을 평가해보자.

가장 먼저 와인의 전반적인 '무게감'을 판단해보고 자신이 느낀 '단맛'과 '신맛', '타닌'의 정도를 평가한다. 이러한 평가를 통해 자신이 좋아하는 취향을 개괄적인 카테고리로 파악할 수 있다. 소믈리에들도 때로 잊곤 하지만 중요한 것은 이 일련의 과정들이 즐거워야 한다는 것이다.

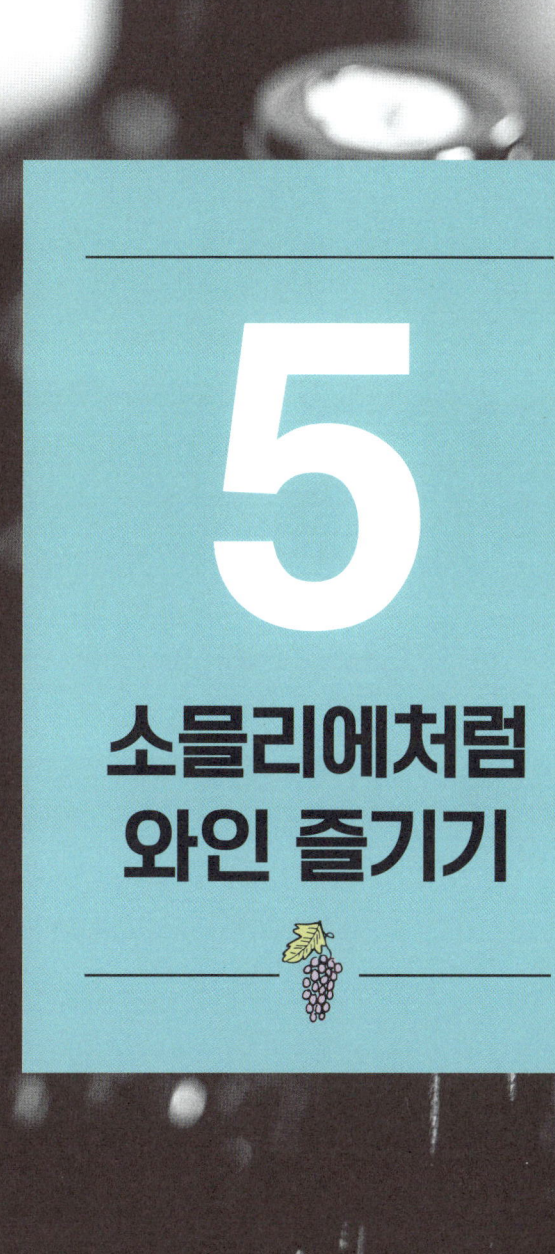

5

소믈리에처럼
와인 즐기기

최초의 소믈리에는 와인을 운송하는 마차를 관리하는 사람이었다. 19세기에 이르러 소믈리에는 귀족 저택의 와인 저장고를 감독하며 목걸이에 달린 작은 은잔으로 와인을 처음 맛보고 상태를 확인하는 집사를 의미하는 용어가 되었다. 어떻게 보면 레스토랑에서 와인을 담당하는 오늘날의 소믈리에도 와인을 운반하는 마차나 와인의 상태를 확인하는 집사의 일을 여전히 하고 있지만 미국에서 서비스 산업이 전문화되면서 소믈리에는 많은 이들이 꿈꾸는 직업이 되었다. 이 책을 쓰는 목표 중 하나는 여러분이 각자 집에서 소믈리에가 될 수 있는 방법을 안내하는 것이다. 가장 중요한 것은 음식과 마찬가지로 와인에도 상황과 메뉴, 서비스를 고려한 충분한 고민과 사전 준비가 필요하다는 사실을 이해하는 것이다. 기본적인 내용부터 시작해보자.

소믈리에란?

27년 전 처음 외식 산업을 시작할 당시에는 대부분의 레스토링에 소믈리에가 없었고 있다 해도 와인에 관심이 많은 웨이터나 바텐더인 경우가 많았다. 심지어 지금도 소믈리에가 되기 위해 취득해야 하는 학위 같은 건 없다.

레스토랑 소믈리에의 업무 일과는 집에서 디너 파티를 준비하는 하루와 크게 다르지 않다. 사실이다. 가끔 외부에서 시음회에 참여하거나 와인 판매원과 미팅을 진행하기도 하지만, 대부분의 시간은 배달된 제품의 포장을 풀어 진열 선반과 바에 와인을 채워 넣고, 와인 리스트를 이렇게 저렇게 수정하고, 직원 교육을 진행하며 보낸다. 영업이 시작되면 손님들과 소통하며 와인 병을 오픈해 서빙하고 와인 잔을 닦고 가끔 셰프가 특별히 전하는 코멘트가 있으면 음식 서빙도 도우며 세심한 호스트로서 해야 할 임무를 수행한다. 소믈리에의 중요한 임무는 다음과 같다.

▶ 와인에 대해 공부하고 레스토랑의 와인 리스트와 메뉴에 대한 현장 지식을 보유한다.

▶ 레스토랑의 와인 주문을 처리한다.

▶ 소요 비용을 파악한다.

▶ 주문한 와인 제품을 수령하고 저장고를 정리·관리한다.

▶ 와인 리스트를 작성하고 보완한다.

▶ 절도나 폐기가 발생하지 않도록 매장을 관리한다.

▶ 서빙되는 와인에 대해 직원 교육을 진행한다.

▶ 손님들에게 와인 선택에 도움이 되는 조언을 주고 레스토랑 서비스 전반을 지원한다.

많은 훌륭한 소믈리에들이 일을 현장에서 배우고 익혀왔지만, 요즘에는 와인 전문 자격증인 WSET(Wine & Spirit Education Trust)와 CMS(Court of Master Sommeliers)를 비롯한 여러 기관에서 공식적인 자격을 얻을 수 있는 과정을 제공하고 있다.

내가 시험에 통과했던 2000년만 해도 마스터 소믈리에가 드물었는데 최근 마스터 소믈리에 자격에 대한 관심이 급증하고 있다. 미국의 와인 문화 수준이 높아지고 있다는 반증으로 여겨지며 다큐멘터리 영화 <솜 SOMM>(2013)의 개봉도 확실히 힘을 실었다. 마스터 소믈리에(MS)가 되는 길은 총 4개의 시험을 합격해야 하는, 많은 시간과 경험이 필요한 여정이다. 첫 번째로 입문 과정 시험이 있고 이어 중급 과정과 고급 과정을 통과해야 하며 최종 과정까지 합격해야 마스터가 된다. 이론과 서비스, 블라인드 테이스팅 세 영역으로 나누어져 있는 어렵기로 악명 높은 시험을 통과해야만 마스터의 자리에 오를 수 있다.

마스터 소믈리에 시험의 '이론' 영역은 와인에 관한 전 영역을 범위로 하여 포도, 지리, 아펠라시옹, 과학, 법에 관한 수많은 사실과 수치들을 묻는다. '서비스' 영역에서는 마스터 소믈리에들이 손님 역할을 하는 모의 서비스를 진행한다. 이 손님들은 후보자에게 잘 알려져 있지 않은 와인들에 대한 질문을 퍼부으면서, 후보자가 와인을 오픈하고 따르고 디캔팅하며 우아하면서도 능숙하고 전문적인 태도로 서비스를 수행하는지 평가한다. 마지막으로 많은 이목이 집중되고 통과하기도 가장 어려운 '블라인드 테이스팅' 시험이 남아 있다. 후보자에게는 아무 정보 없이 여섯 종류의 와인이 주어진다. 와인 맛에 대한 기억과 이론 지식에 근거하여 여섯 종류 중 네 종류의 빈티지와 포도 품종, 지역 또는 원산지, 품질 수준까지 제한 시간 내에 정확히 맞추어야 한다.

이 모든 것이 말도 안 되는 소리 같겠지만 정말이다. 감식가, 감정가라는 뜻으로 쓰이는 프랑스어 '코노소어 connoisseur'는 '알다'라는 단어에서 파생되었는데, 내가 생각하는 최고의 소믈리에는 이 단어의 본래의 의미를 우월감 없이 잘 실현하는 사람들이다. 그들은 자신이 사랑하는 와인에 대해 모든 것을 알고 싶어 하고 또 자신이 알고 있는 것들을 귀 기울여주는 사람들과 함께 나누고자 한다.

소믈리에와 대화하는 법

음악 애호가나 영화광, 스포츠 마니아처럼 같은 열정을 지닌 사람들이 모이면 그러하듯이 소믈리에들도 수많은 전문 용어를 사용하면서 아는 척도 꽤 한다. 이러한 용어가 부담스럽거나 거슬릴 수도 있는데 사실 어려운 단어를 섞어 쓰지 않아도 식당에서 좋은 와인을 마시는 데 아무 문제가 없다.

소믈리에와 가장 잘 대화하는 방법은 그들이 이야기하게 하는 것이다. 질문을 하자. 소믈리에가 우리를 위해 자신의 일을 하게 하자. 레스토랑의 와인 서비스를 최대한 활용할 수 있는 방법들을 소개한다.

▶ 어려워하지 말고 예산을 말하자

예산의 범위를 말하는 것이 창피한 일이라고 생각하는 경우가 많다. 하지만 레스토랑에서 일하는 사람으로서 분명히 말하자면, 소믈리에는 정확한 금액을 이야기해주는 것을 무척 반긴다. 그렇지 않으면 손님이 생각한 적절한 답에 가까워질 때까지 계속 새로운 와인을 추천해야 하기 때문이다. 예산을 설정하면 선택권을 좁혀서 빠르게 결정을 내릴 수 있다.

▶ 테마를 찾아보자

남부 이탈리아 요리에 중점을 두는 이탈리안 레스토랑에 갔다고 생각해보자. 그렇다면 남부 이탈리아 와인 카테고리를 중점적으로 보는 것이 적절할 것이다. 그다음에는 와인 리스트에 특히 더 많이 등장하는 아펠라시옹이나 포도 품종이 있는지 살펴보자. 소믈리에가 아주 좋아하는 와인일 가능성이 크다.

▶ 원하는 것을 이야기하자

너무 당연한 이야기이지만 소믈리에가 활용할 수 있는 정보를 주는 것이 중요하다. 어떤 와인을 마시고 싶은지 이야기하자. "산뜻한 화이트 와인이 좋을 것 같아요."나 "묵직한 레드 와인을 마시고 싶어요." 정도면 아주 좋은 시작이다. 라이트, 미디엄, 풀 중에 원하는 '무게감'을 알려주는 것도 소믈리에에게 큰 도움이 된다.

▶ 비교해보자

좋아하는 와인의 스타일이나 브랜드를 말하고 비슷한 와인이 있는지 물어보는 것도 소믈리에와 대화를 시작하는 아주 좋은 방법이다. 피노 누아 품종으로 만든 레드 와인을 무척 좋아하는데 그리스 와인만 있는 레스토랑에 갔다고 생각해보자. 소믈리에가 자신이 만든 리스트 안에서 우리가 원하는 와인을 찾아내 줄 것이다.

▶ 모험을 즐기자

모험을 두려워하지 말자. 소믈리에와 느낌이 맞는 것 같다면 주저하지 말고 선택권을 넘겨보자. 소믈리에의 일이 바로 그것이다. 우리를 감동시키게 하자.

적정 온도를 유지할 것

와인 서빙에 있어 온도만큼 고질적인 문제는 없다. 굉장히 고급 레스토랑으로 알려진 곳에서도 화이트 와인을 냉장고에서 바로 꺼내 4도 정도로 너무 차갑게 서빙하거나 레드 와인을 21도 이상의 높은 온도로 서빙하는 모습에 놀라는 경우가 적지 않다. 개인적으로 생각하는 화이트 와인의 이상적인 서빙 온도는 10-13도로 냉장고에서 꺼낸 후에 테이블에 잠시 올려두어야 한다. 하지만 어디까지나 취향의 문제이니 차갑게 마시는 것을 좋아한다면 얼음 통을 함께 놓으면 된다. 온도가 낮으면 와인의 향과 맛이 가려지거나 무뎌질 수 있다는 것만 알아두자.

반대로 레드 와인의 알코올과 타닌은 높은 온도에서 강화된다. 온도가 너무 높으면 와인의 과실 향과 맛이 단순해지고 금속 맛이 날 수 있으며 훨씬 무거운 느낌이 난다. 보통 레드 와인의 이상적인 서빙 온도는 16-18도이지만, 낮은 온도가 시큼함을 잠재우고 과실 향이나 플로럴 향을 살려주기 때문에 라이트하고 산도가 높은 일부 레드 와인은 10-13도로 즐기는 것이 더 좋다.

스파클링 와인은 언제나 얼음장처럼 차갑게, 최소한 냉장고 온도로 서빙해야 한다고 여겨져 왔다. 미네랄과 산도의 구조감이 없는 저가 스파클링 와인이라면 동의하는 부분이다. 하지만 스파클링 와인도 고급 화이트 와인과 같이 다루어야 한다. 유명 샴페인 볼랭저Bollinger는 10-12도로 마실 것을 권한다.

멋지게 와인 서빙하기

자신 있고 깔끔하게 와인을 오픈하고 따르는 방법을 익히면 와인을 마시는 시간이 훨씬 더 즐거워진다. 온갖 종류의 멋진 와인 오프너가 있지만 내가 가장 좋아하는 건 '웨이터스 코르크스크루waiter's corkscrew'로 불리는 와인 오프너로, 가지고 있는 제품은 구형이지만 잘 만들어졌다. 이 도구를 발명한 독일인 카를 빈케Karl Wienke의 이름을 부르기 쉽게 바꾸어 '와인 키wine key'라고도 부른다. 필요한 기능이 모두 들어 있어 개인적으로 가장 효율적이면서도 품격 있는 와인 오프너라고 생각한다.

이 와인 오프너로 수천 병을 오픈하면서 중요하게 여기게 된 2가지 특징이 있다. 첫 번째로 코르크에 들어가는 나선형의 웜worm을 깊이 넣어 두 단계에 걸쳐 코르크를 빼내려면 펼쳐서 병 입구에 고정하는 메탈 레버의 길이가 길고 레버에 경첩이 있어야 한다. 두 번째로 병 윗부분의 포일 캡을 자르는 데 쓰는 작은 칼날이 톱니 모양이면 포일 캡이 지저분하게 잘리므로 칼날 모양이 매끄러운 것이 낫다.

와인 병을 소믈리에처럼 오픈하려면, 우선 병의 목과 입구 경계에 있는 두꺼운 부분 아래에 작은 칼을 댄다. 가장자리를 따라 칼을 돌려 깔끔하게 자르되 침전물이 일어날 수 있으니 병을 돌리지 말고 칼을 돌려야 한다. 칼끝을 이용해 병 윗부분의 캡을 벗겨내고 코르크 위에 웜을 살짝 비스듬히 대고 조심스럽게 밀어 넣어서 뚫어 내려간다. 메탈 레버를 병 입구에 걸고 코르크를 부드럽게 들어올린다. 두 단계로 오픈하는 경첩이 있는 레버인 경우, 짧은 아래쪽 경첩을 고정하고 코르크를 살짝 들어올린 후 레버 전체를 걸고 코르크를 빼낸다. 스크루의 웜을 비스듬히 넣고 두 단계 레버가 있는 키를 사용하면 오래된 와인도 코르크를 부수지 않고 깔끔하게 오픈할 수 있다.

코르크 안쪽에 와인이 닿아 촉촉하게 유지되는 상태가 이상적이지만, 와인이 숙성되는 동안 코르크가 부서지기 쉬운 약한 상태가 되어버리기도 한다. 이럴 때는 더 섬세한 도구가 필요한데, 두 다리가 달린 '아소 오프너Ah-So opener'라고 하는 또 다른 전통적인 도구가 있다. 아소 오프너는 코르크 중앙에 스크루의 웜을 돌려 넣는 방식이 아니라 코르크 양옆을 잡는 2개의 금속 다리를 이용한다. 연습이 필요하긴 하지만 코르크와 입구 벽면 사이에 두 다리를 조심스럽게 밀어 넣는 방법만 터득하면 부서지기 쉬운 약한 코르크도 안전하게 빼낼 수 있다.

일단 병을 오픈하고 나면 다음 문제는 디캔팅이 필요한지 판단하는 것이다. 디캔팅은 다른 통에 병의 내용물을 모두 따라내는 작업이다. 보통 와인을 디캔팅하는 이유는 2가지로 화이트 와인이든 레드 와인이든 영 와인을 공기와 접촉시켜 산소를 공급하는 에어레이션aeration을 하기 위해서, 또는 서빙 전에 올드 레드 와인의 침전물을 분리하기 위해서이다.

친구들과 모여 피자와 함께 즐기는 저가의 피노 그리지오를 꼭 디캔팅할 필요는 없지만, 영 와인을 디캔팅하는 것은 늘 좋은 선택이라고 할 수 있다. 영 레드 와인에도 침전물이 있을 수 있어 신경을 쓰긴 해야 하지만, 마실 때마다 아주 세심한 디캔팅을 해야 한다는 것이 아니라 와인 병보다 입구가 더 넓은 통에 콸콸 따르는 정도의 간단한 작업을 말하는 것이다. 디캔팅을 하는 주된 목적이 와인에 산소를 공급해 아로마를 한층 강화하고 질감을 부드럽게 확장하는 것이기 때문에 멋진 와인 디캔터가 아니어도 아무 문제가 되지 않는다. 에어레이션은 와인을 따르는 순간부터 시작되어 디캔터에 담겨 있는 동안에도 계속된다.

올드 레드 와인에는 침전물이 꽤 많아서 미리 준비를 해두어야 한다. 먼저 와인을 오픈하기 하루 이틀 전에 병을 똑바로 세워 침전물이 바닥에

가라앉게 둔다. 조심스럽게 코르크를 제거하고 병을 들어올려 천천히 디캔터에 따르다가 병의 어깨 부분에 침전물이 모이기 시작하면 멈춘다. 소믈리에들은 올드 와인을 디캔팅할 때 모이는 침전물을 확인하기 위해 촛불이나 다른 빛에 비추어 보며 따르다가 디캔터에 들어가기 전에 멈춘다.

그리고서 와인을 잔에 따른다. 일반적으로 소믈리에는 손님의 오른편에 서서 와인 병의 라벨이 손님을 향한 상태로 와인을 따른다. 손님의 뒤에서 나타나 서비스하기보다는 테이블 주위를 돌아다니다가 손님을 마주 보고 다가가 서비스할 수 있도록 항상 주의를 기울여야 한다.

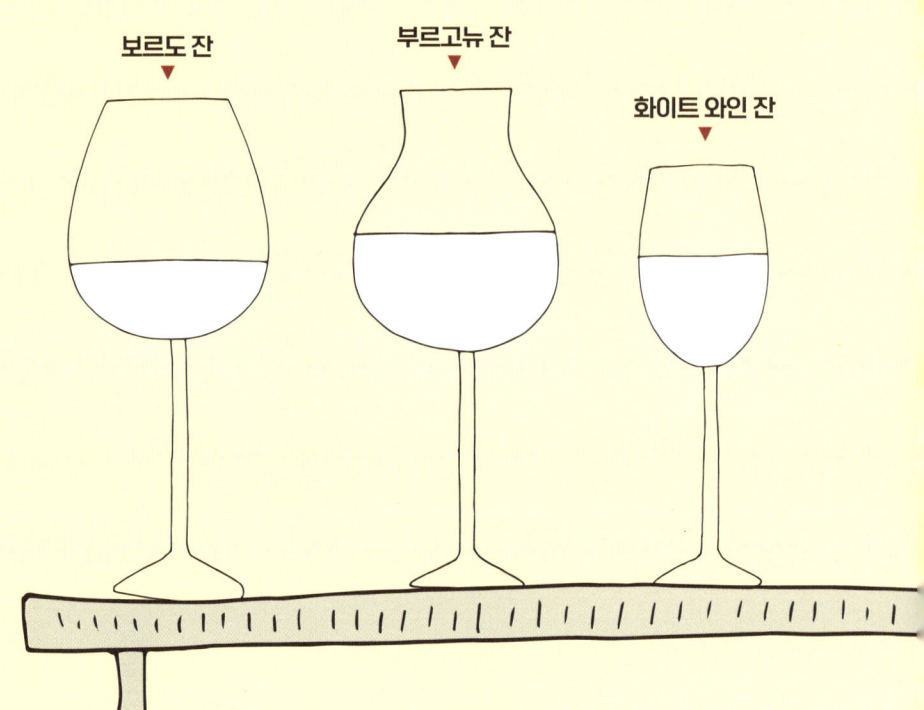

보르도 잔

부르고뉴 잔

화이트 와인 잔

여러 종류의
와인 잔

여러 와인 도구 중에 무엇을
가장 좋아하는지 묻는다면
당연히 와인 잔이다.

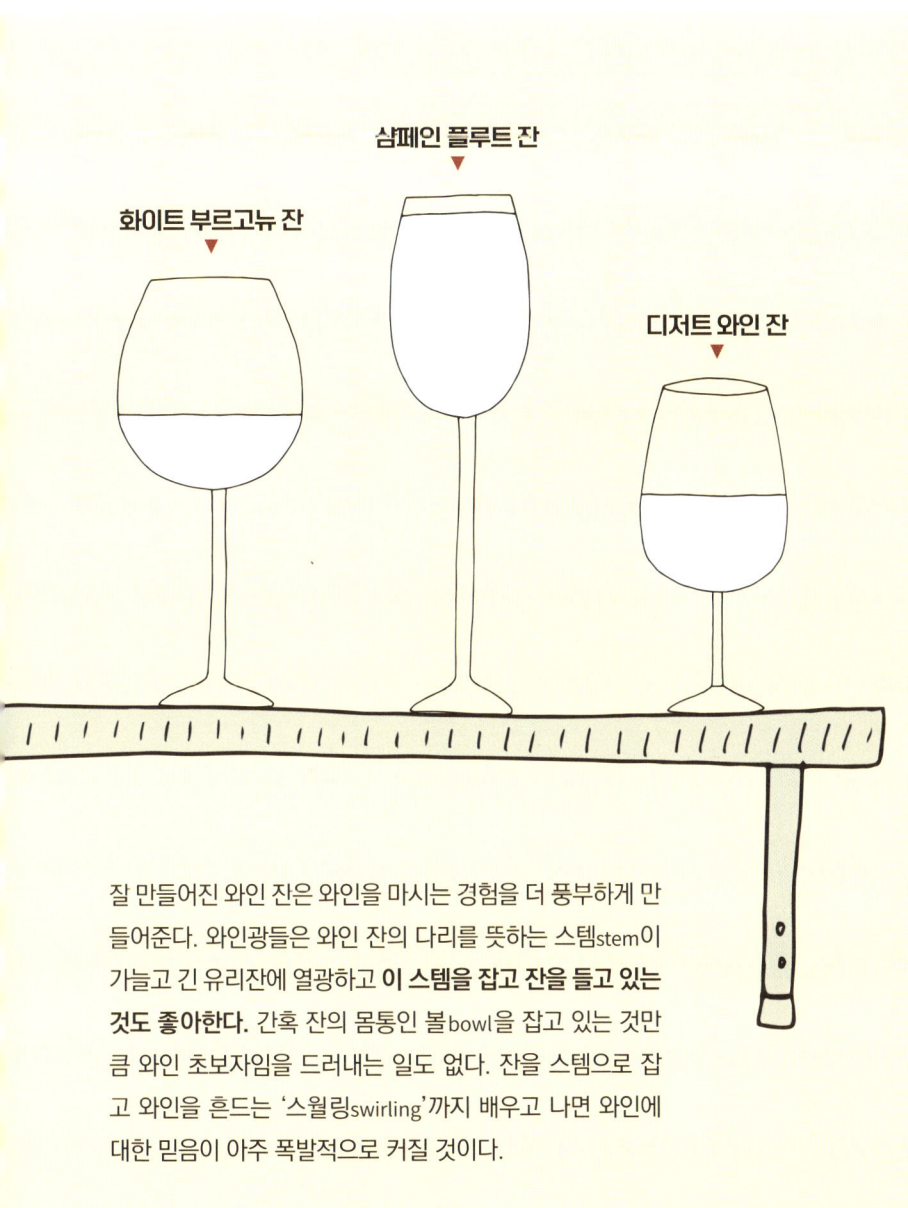

화이트 부르고뉴 잔

샴페인 플루트 잔

디저트 와인 잔

잘 만들어진 와인 잔은 와인을 마시는 경험을 더 풍부하게 만들어준다. 와인광들은 와인 잔의 다리를 뜻하는 스템stem이 가늘고 긴 유리잔에 열광하고 **이 스템을 잡고 잔을 들고 있는 것도 좋아한다.** 간혹 잔의 몸통인 볼bowl을 잡고 있는 것만큼 와인 초보자임을 드러내는 일도 없다. 잔을 스템으로 잡고 와인을 흔드는 '스월링swirling'까지 배우고 나면 와인에 대한 믿음이 아주 폭발적으로 커질 것이다.

와인 잔을 살펴보면, 좋은 와인 잔의 특징 중 하나는 잔의 위쪽 가장자리인 림rim이 얇고 매끄러우며 깔끔하게 컷팅된 것이다. 림의 끝이 고르지 않으면 와인이 방울져 흘러내릴 수 있다. 림이 아주 얇은 잔으로 와인을 마시면 입안에 훨씬 더 부드럽게 와 닿는 느낌을 경험할 수 있다.

아주 오래전부터 **스템이 있는 잔으로 와인을 마신 것은 손의 체온이 와인에 영향을 미치지 않게 하기 위해서이다.** 와인 잔을 볼로 잡을 때는 너무 차갑게 서빙된 와인의 온도를 올리고 싶을 때가 유일하다.

화이트 와인은 보통 차갑게 서빙되므로 화이트 와인 잔이 레드 와인 잔보다 크기가 작다. 냉기를 잘 유지하려면 와인의 표면이 주변 대기에 적게 노출되어야 하기 때문이다. 크기가 큰 레드 와인 잔은 레드 와인과 산소의 상호작용이 더 활발하게 일어나 타닌 입자가 풀어지고 와인의 식감이 부드러워진다. 두 잔 모두 와인을 림까지 다 채우는 것이 아니라 잔을 흔들어도 와인을 흘리지 않을 정도의 여유 공간을 두어야 한다. 이 에어레이션 작업은 아주 중요하다. 와인의 아로마를 만드는 에스테르가 공기 중의 산소와 상호작용하며 휘발화되는데, 이것은 와인 잔에서 흘러나온 아로마가 향과 맛을 느끼는 우리의 감각 수용체로 빨려 들어오는 것과 다름없기 때문이다.

샴페인 플루트 잔은 좁고 기다란 모양으로, 와인을 따른 후에 탄산가스가 천천히 빠져나가 발포성을 오래 유지할 수 있다. 여러 종류의 와인들을 모아 한 번에 서빙하고 싶다면 다음의 잔들을 준비해두자.

샴페인 플루트 잔

길고 얇은 형태로
와인의 기포를 잘 감상할 수
있도록 만든 잔이다.

화이트 와인 잔

410~470ml(14~16온스) 용량.
차갑게 마시는 화이트 와인의
특성상 레드 와인 잔에 비해
볼이 좁고 크기도 작다.

레드 와인 볼 또는 부르고뉴 잔

590ml(20온스) 용량 이상.
볼이 더 둥글고 입구 부분이
좁아지는 모양으로 아로마 화합물을
볼 안에 가둬둘 수 있어
피노 누아처럼 라이트하고 향이
풍부한 와인에 적합한 잔이다.

보르도 레드 와인 잔

590ml(20온스) 용량 이상.
입구가 넓어서 보르도나
브루넬로 디 몬탈치노처럼
산소와 접촉하면서
풍미가 살아나는 풀 바디
와인에 어울린다.

언젠가 마실 날을 기다리며 아껴두기

와인의 유통기한은 포도 품종과 양조 방식, 숙성 기간 등에 따라 천차만별이다. 전 세계에서 생산되는 와인은 대부분 유통기한이 판매 직후에서 몇 년 내에 마시게 되어 있다. 공간과 방법이 있다면 나중의 즐거움을 위해 와인을 남겨두고 싶어진다. 기본적인 와인 보관 방법은 다음과 같다.

▶ 와인 저장고의 평균 온도는 13도
　너무 높지도 않고 너무 낮지도 않은 '딱 적당한' 온도이다.

▶ 온도를 일정하게 유지하기
　와인을 너무 따뜻하거나 차갑지 않게 보관하는 것만큼, 큰 변화 없이 온도를 일정하게 유지하는 것도 무척 중요하다.

▶ 조명 꺼두기
　빛에 많이 노출되면 와인의 화학적 구성에 변화가 생겨 맛의 풍미가 떨어질 수 있으므로 조명은 꺼둔다.

▶ 병을 눕혀 보관하기
　코르크를 촉촉하게 유지하기 위해 와인 병은 눕혀서 보관한다. 공간도 효율적으로 사용할 수 있다.

오픈한 와인의 보관법

불활성 기체를 이용해 산소를 차단하는 방식의 훌륭한 와인 보관 기술들이 많이 나와 있지만, 코르크를 다시 끼워 냉장고에 넣어두면 이후 3일 정도는 심각한 품질 저하 없이 마실 수 있다. 대부분의 와인이 그렇고 좋은 와인일수록 더욱 괜찮다. 숙성 기간이 긴 와인에는 해당되지 않는 이야기이지만 영 와인은 다음 날 맛이 더 좋은 경우도 많다. 풀 바디 와인도 오픈하고 나서 며칠 더 마실 수 있고 냉장고에 넣어두면 산화 속도를 늦출 수 있지만 산화가 과해지면 결함 반응이 있을 수 있다. 오픈한 상태로 너무 오래 두어도 안 되지만 병을 한 번에 다 비우지 못했다고 너무 걱정할 필요는 없다. 식초가 되려면 아직 한참 멀었다.

블라인드 테이스팅 파티를 열자!

블라인드 테이스팅은 연습을 통해 조금만 익숙해지면 많은 깨달음을 주고 때로는 아직 갈 길이 멀다는 것을 느끼게도 하는 좋은 와인 공부법이다. 라벨을 보지 않고 가격도 모르는 상태로 테이스팅을 하는 것만큼 객관적으로 와인의 품질을 논하고 평가할 수 있는 방법은 없다.

비교 테이스팅과 마찬가지로 블라인드 테이스팅은 평가 기준을 세울 수 있는 아주 유용한 연습이다. 동일한 지역에서 같은 품종으로 만든 여섯 종류의 와인을 생산자나 가격에 대한 정보 없이 테이스팅해보면 아주 놀랄 만한 결과가 나오곤 한다. 다양한 샤블리를 많이 마셔보는 것만이 좋은 샤블리를 판단하는 기준을 세울 수 있는 유일한 방법이다. 블라인드 테이스팅은 와인의 특성뿐 아니라 가치를 판단하는 일이기도 하다. 와인 리스트를 최상의 와인들로 구성해야 하는 와인 전문가들에게 특히 더 중요한 일이지만, 값어치를 하는 와인과 그렇지 않은 와인을 구분하는 관점을 만들어나가고 싶다면 누구에게든 필요하다.

블라인드 테이스팅 파티를 열어보자. 라벨을 가리고 각자 좋아하는 와인을 한 병씩 들고 온다. 돌아가며 와인을 따라 나누어 맛보고 어떤 와인인지 평가한다. 다른 사람들의 맛 평가를 참고하는 것은 물론이고 와인의 색과 아로마, 맛, 질감에 대해 알고 있는 모든 것을 동원하고 추론에 온 힘을 집중해서 가장 먼저 답을 찾아내보자.

유용한 와인 잔과 도구

보관할 공간이 충분하다면 다양한 모양과 크기의 와인 잔을 모두 구비해서 와인을 한층 더 즐길 수 있다. 용도가 정해져 있지 않은 다목적 잔을 구비하는 것도 좋다. 다목적 잔은 스월링이 가능하도록 470ml(16온스) 이상의 용량에 키가 큰 잔을 권한다. 가격대가 다른 멋진 두 제품을 소개하며 소믈리에처럼 와인을 서비스할 수 있는 유용한 와인 도구들도 살펴보자.

» **합리적인 가격대의 다목적 잔 1 :** 다양한 와인에 사용하는 다목적 잔으로 합리적인 가격대의 Libbey Signature Kentfield Estate All Purpose Wine Glass를 추천한다. 4개 세트 10만 원(85달러) 정도에 구입할 수 있다.

» **우아한 스템웨어의 다목적 잔 2 :** 와인 애호가 사이에서도 유명한 잔으로, 우아한 스템웨어(다리가 길고 가는 유리 잔)로 와인을 더욱 맛있게 즐길 수 있다. Zalto Denk'Art Universal Glass는 다목적 잔의 눈높이를 높이고 있다. 개당 7만 원(60달러) 정도로 판매한다.

» **전문가용 와인 오프너 :** 여러 종류가 판매되고 있지만 믿고 쓸 만한 전문가용 와인 오프너인 Waiter's Corkscrew 하나만 있으면 된다. 코르크를 뽑아내는 나사가 길고 경첩이 2단인 형태가 유용하며 2만 원(20달러) 이하로도 좋은 제품을 찾을 수 있다.

» **소믈리에의 사랑을 받는 다목적 디캔터 :** 단순한 형태에 가격도 적당한 Riedel Cabernet Sauvignon Decanter가 다목적 디캔터로 가장 적합하다. 8만 원(69달러)에 디캔터의 역할을 충실히 해낸다.

» **최고의 스파클링 와인 스토퍼 :** 남긴 스파클링 와인의 산뜻함과 기포를 좋은 상태로 유지하기 위해서는 와인 스토퍼가 필요하다. 1만 원(10달러)에 손쉽게 구할 수 있는 클래식 샴페인 스토퍼를 추천한다.

토스카나의 구불구불한
언덕 위에 자리한
테누타 세테 치엘리의 포도밭.

6

세계의
와인

와인의 스타일에 영향을 주는 요인은 아주 많지만 가장 큰 영향을 미치는 요인은 바로 '기후'이다. 남반구와 북반구의 위도 30~50도 사이의 위치가 지구상에서 포도가 가장 잘 자라는 곳이다. 대체로 서늘한 기후에서 생산된 와인은 라이트하고 산뜻한 과실 풍미가 있으며 도수가 낮은 편이다. 반면 따뜻하거나 더운 지역에서 생산된 와인은 바디가 무겁고 잘 익은 과실의 풍미를 가지며 도수가 높다. 시중에서 우리가 접할 수 있는 와인의 대부분은 주요 13개 국가에서 생산되며, 유럽에서 전통적으로 와인을 생산해온 '구세계old world'와 그 외의 모든 지역을 포괄하는 '신세계new world'로 나눌 수 있다.

🇫🇷 프랑스

전 세계 와인 생산량의 주요 3개국에 손꼽히는 프랑스는 와인 문화를 만들어온 나라이다. 테루아의 개념처럼 널리 쓰이는 와인 용어의 상당 수가 프랑스어이다. 테루아는 기후와 토양, 고도, 방향 등 포도밭에 영향을 주는 모든 요인들, 즉 와인의 '총체적인 자연환경'을 의미한다. 프랑스와 다른 구세계의 와인들은 라벨에 생산 지역을 가장 중요하게 표시한다. 주요 지역들을 살펴보자.

보르도Bordeaux는 프랑스 남서쪽 가론강을 따라 위치한 도시의 이름이다. 대서양 해안 가까이에 있는 이 도시는 프랑스에서 와인을 가장 많이 생산하는 지역으로, 정갈하게 정리된 와이너리 샤토châteaux와 함께 점토, 모래, 자갈로 이루어진 하천 하류의 충적 토양에서 자라는 포도로 유명하다. 대서양의 영향으로 기후가 온화하며 포도가 자라는 기간이 길다. 카베르네 소비뇽Cabernet Sauvignon, 카베르네 프랑Cabernet Franc, 메를로Merlot가 주요 적포도 품종이며, 청포도는 소비뇽 블랑과 세미용Sémillon이 주를 이룬다.

보르도의 중심은 도르도뉴강과 가론강이 만나 지롱드강이 되는 곳이다. 지롱드강의 서쪽 둑을 이루는 메독Médoc 지방의 토양에는 자갈이 많아서 카베르네 소비뇽이 무척 잘 자라며, 마고Margaux, 생줄리앵Saint-Julien, 포이약Pauillac, 생테스테프Saint-Estèphe 등이 대표적인 산지이다. 보르도의 와인은 대부분 블렌딩 와인이다. 동쪽 둑을 이루는 생테밀리옹Saint-Émilion이나 포므롤Pomerol 등의 지역은 주로 점토 토양이어서 메를로와 카베르네 프랑이 주요 생산 품종이다. 보르도의 레드 와인에서는 검은 과실류와 붉은 과실류, 허브, 흑연, 담배의 풍미를 강하게 느낄 수 있으며, 판매되는 와인 중 숙성 기간이 가장 긴 와인이 보르도에서 생산된다.

대표적인 화이트 와인 산지는 그라브Graves와 페삭레오냥Pessac-Léognan, 소테른Sauternes, 바르삭Barsac이다. 그라브와 페삭레오냥에서는 소비뇽 블랑과 세미용 품종으로 이국적인 과실 풍미가 담긴 드라이 화이트 와인을 생산한다. 반면 소테른과 바르삭에서는 동일한 품종으로 아주 달달한 과실주를 만든다. 이들 지역에서는 보트리티스 시네레아botrytis cinerea라는 잿빛곰팡이균으로 인해 포도 알이 수분을 빼앗겨 가지 위에서 쭈글쭈글해지지만 이 때문에 당이 농축되어 더욱 달콤한 와인을 만들어낸다.

디종부터 리옹까지 뻗어 있는 **부르고뉴**Burgundy에는 손강 서쪽 언덕의 경사지를 따라 석회암과 점토 토양의 포도밭들이 있다. 디종의 북서쪽에 샤블리Chablis가 있고 리옹을 향해 남쪽으로 내려가면 보졸레Beaujolais가 있는데, 보졸레에서는 부르고뉴의 시그니처인 피노 누아Pinot Noir 대신 사촌 격인 과즙이 더 풍부하고 루비색을 띠는 가메Gamay 포도를 주로 생산한다.

천 년 전 시토회Cistercian의 수도승들이 처음 일구어놓은 부르고뉴의 포도밭에 서늘한 대륙성 기후가 더해져 세계에서 가장 좋은 품질의 피노 누아와 샤르도네Chardonnay를 생산한다. 지금도 수도승들의 손길이 남아 있어 세계에서 가장 세심하게 구획된 포도밭이며 나누어져 있는 각각의 영역을 '크뤼cru'라고 부른다. 최고급 품질을 생산하는 포도밭에 주어지는 가장 높은 등급이 '그랑 크뤼Grand Cru'와 '프리미어 크뤼Premier Cru'이다.

부르고뉴는 하나의 포도 품종만 100% 사용하는 버라이어틀varietal 와인으로 유명하다. 샤르도네에는 다양한 스타일이 있어 오크 숙성 없이 강한 풍미와 미네랄을 느낄 수 있는 샤블리의 와인도 있고, 더 남쪽 지역에서 생산하는 오크통 발효로 더욱 묵직한 스타일의 와인도 있다. 부르고뉴의 중심지는 금빛 언덕이라는 뜻의 '코트도르Côte d'Or'로 불리며 두 지역으로 구분할 수 있다. 북쪽 코트드뉘Côte de Nuits의 주브레 샹베르탱Gevrey-Chambertin이나 본로마네Vosne-Romanée 같은 지역에서는 피노 누아가 주를 이루고, 코트드본Côte de Beaune의 풀리니 몽라셰Puligny-Montrachet와 뫼르소Meursault, 샤샤뉴 몽라셰Chassagne-Montrachet 등의 지역에는 영롱하게 빛나는 샤르도네가 가득하다.

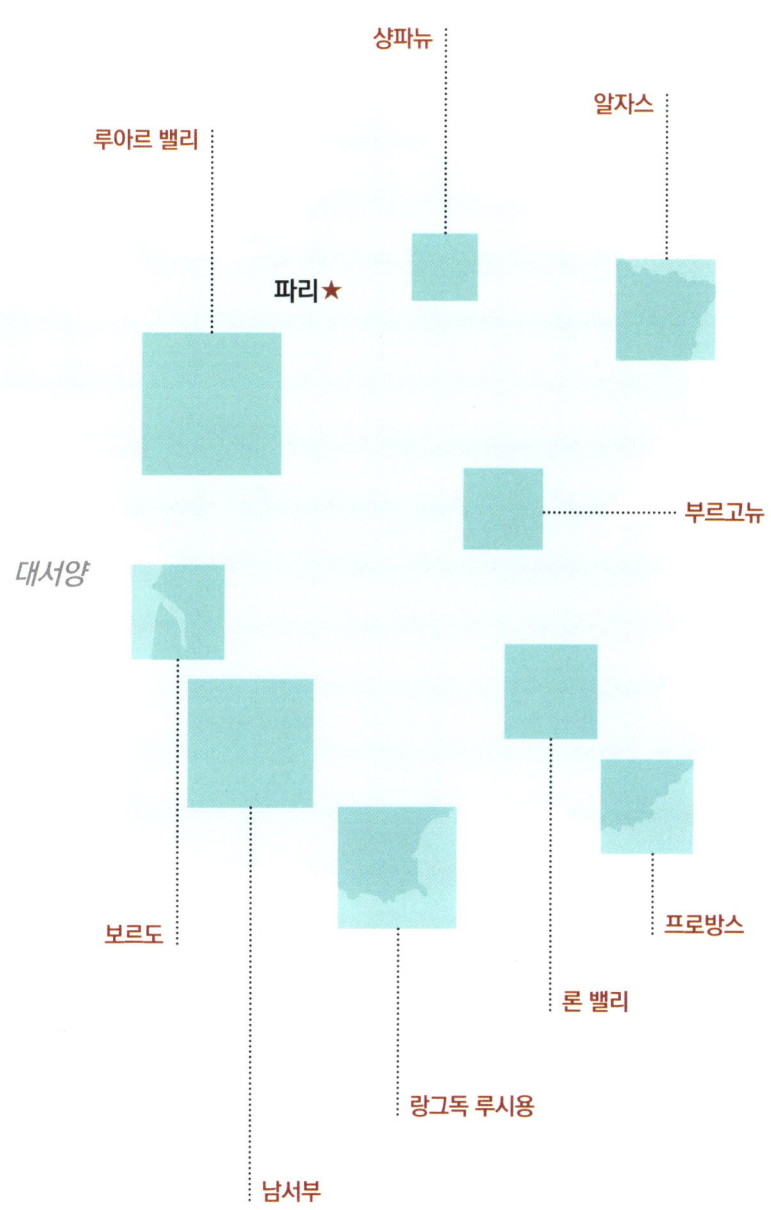

루아르 밸리

샹파뉴

알자스

파리 ★

부르고뉴

대서양

보르도

론 밸리

프로방스

랑그독 루시용

남서부

서늘한 기후와 석회암 토양 덕분에 부르고뉴의 피노 누아에는 아로마의 복합미와 에너지가 가득하다. 이 세련됨과 강렬함의 조화는 정말 믿기 어려울 만큼 훌륭한데, 한 가지 문제가 있다. 이 정점에 있는 피노 누아를 맛보는 경험은 결코 저렴하지 않다는 것이다. 보통 작은 용량으로 생산되는 부르고뉴 와인은 아주 값비싸게 평가되는 수집품 중 하나이다.

조금 더 저렴하게 즐길 수 있는 부르고뉴의 레드 와인으로는, 화강암과 편암 토양에서 자란 가메 포도로 만든 보졸레 와인이 있다. 수확 직후에 병입까지 끝나 신선하고 포도의 풍미가 살아 있는 햇 와인으로 누보nouveau 와인이 가장 유명하지만 그 외에도 다양한 보졸레 와인이 있다. 모르공 Morgon, 플뢰리Fleurie, 물랭아방Moulin-à-Vent을 비롯한 10개 크뤼에서 생산하는 레드 와인을 눈여겨보자. 훨씬 저렴한 가격에 이웃 마을 피노 누아에 버금가는 복합미와 구조감을 느낄 수 있다.

기후 변화로 인해 재배 한계선이 이동하고 있긴 하지만, 샹파뉴Champagne 지역은 유럽에서 포도 재배가 가능한 범위의 북쪽 끝, 위도 49도에 위치해 있으며 백악질 석회암 토양이다. 모든 와인 산지를 통틀어 샹파뉴는 지역의 이름이 얼마나 강력한 힘을 가질 수 있는지 보여준다. 샹파뉴의 와인 생산자들은 "모든 샴페인은 스파클링 와인이지만, 모든 스파클링 와인이 샴페인인 것은 아니다."라고 강조하곤 한다.

프랑스 북부 중앙을 가로지르는 **루아르 밸리**Loire Valley는 루아르강을 따라 대서양까지 1,000킬로미터에 이른다. 이 위도에서는 기후가 서늘하고 토양의 구성은 다양한 편이다. 내륙에 가까운 마을인 상세르Sancerre 와 푸이 퓌메Pouilly-Fumé는 맑게 빛나며 미네랄 풍미가 가득한 소비뇽 블랑과 여린 레드 와인인 피노 누아로 유명하다. 이곳의 토양에는 점토와 석회암, 수석이 섞여 있다.

루아르강 유역 중간에 위치한 투렌Touraine과 앙주 소뮈르Anjou-Saumur 의 토양은 노란빛이 도는 석회암 튀포tuffeau와 점토가 섞인 모래자갈 충적토이다. 주요 생산 품종은 청포도 중에는 부브레Vouvray와 사브니에르

Savennières에서 생산되는 슈냉 블랑Chenin Blanc이 주를 이루고, 적포도 중에는 시농Chinon과 부르게이Bourgueil, 소뮈르Saumur에서 생산되는 카베르네 프랑이 대표적이다. 산도가 높고 마르멜로와 사과의 과실 풍미가 두드러지는 슈냉 블랑은 아주 드라이한 와인부터 스위트 와인, 스파클링 와인까지 카멜레온처럼 다양한 스타일을 보여준다. 루아르 강 유역에서 생산되는 카베르네 프랑은 보르도의 카베르네 프랑과 달리 담배 등의 향이 강하고 더 라이트한 느낌이다.

루아르강 어귀에 있는 낭트 지역의 아펠라시옹 뮈스카데Muscadet의 토양은 주로 모래와 화강암으로 이루어져 있다. 뮈스카데는 믈롱 드 부르고뉴Melon de Bourgogne 품종으로 만든 화이트 와인으로 품종 이름과 지역 이름이 섞여 있다. 이 상쾌하고 신선한 와인에는 효모 찌꺼기인 리스와 함께 병입하는 쉬르리sur lie 숙성으로 만들어 크리미함과 대서양의 바다 내음이 함께 담겨 있다.

부르고뉴 남쪽에 있는 **론 밸리**Rhône Valley는 론강을 따라 지중해까지 펼쳐진다. 같은 강을 따라 놓여 있지만 강의 북쪽과 남쪽의 기후는 상당히 다르다. 북쪽의 온화한 대륙성 기후는 화강암 토양에서 잘 자라는 시라Syrah를 더 탐스럽게 자라게 하며, 검고 푸른 과실류의 향과 말린 후추 열매, 훈제 고기의 향을 더하고 산미와 미네랄을 한층 끌어올려준다. 코트로티Côte-Rôtie, 생조셉Saint-Joseph, 에르미타주Hermitage 가 최고급 시라를 생산하는 아펠라시옹이다.

론의 남부는 더 온화한 지중해성 기후로 산딸기류 과실과 허브 풍미가 가득한 그르나슈Grenache 포도가 주를 이루는 레드 와인으로 유명하다. 블렌딩 와인을 많이 생산하는데 시라와 무르베드르Mourvèdre 품종을 주로 사용한다. 론에서 생산되는 레드 와인의 왕좌는 샤토네프 뒤 파프Châteauneuf-du-Pape가 차지하고 있지만, 좀 더 저렴한 와인으로 지공다스Gigondas와 바케라스Vacqueyras에서 생산하는 감미로운 레드 와인도 추천한다.

🇮🇹 이탈리아

세계 최대 와인 생산국 중에서도 이탈리아에는 정말 많은 와인 산지가 있어 기후와 토양이 다양하고 재래 품종도 놀랄 정도로 많다. 20개의 행정 구역마다 특산 와인이 있으며 특정 지역에서만 맛볼 수 있는 포도나 와인도 있다. 이런 점에서 이탈리아 와인은 도전 정신을 불러일으키는 매력이 있다. 이탈리아는 대부분 온화한 지중해성 기후이지만 예외도 있다.

이탈리아의 북서쪽 끝, 알프스 산자락에 둘러싸인 **피에몬테**Piemonte가 그 예외 중 하나이다. 피에몬테의 서늘한 대륙성 기후는 부르고뉴Burgundy의 기후와 아주 유사해서, 피에몬테에서 네비올로Nebbiolo 포도로 만드는 레드 와인인 바롤로Barolo와 바르바레스코Barbaresco를 부르고뉴의 레드 와인과 비교하는 경우가 많다. 둘 다 장미 꽃잎, 붉은 과실류, 가죽의 아로마가 우아하면서도 강렬하고 타닌도 강하다. 네비올로는 한층 아름답게 만드는 숙성 과정에서 트러플(서양 송로버섯)의 향도 더해진다.

하지만 피에몬테에 네비올로만 있는 것은 아니다. 피에몬테는 그 자체로 하나의 와인 생산국이라고 할 수 있을 정도인데, 모스카토Moscato 포도로 만드는 섬세한 단맛의 스파클링 와인 아스티 스푸만테Asti Spumante는 세계적으로 유명하다. 피에몬테의 남동쪽 끝에 있는 가비Gavi의 백악질 토양에서 만들어지는 산뜻한 화이트 와인도 샤블리Chablis에 견줄 정도이다. 노블 그레이프Noble Grape인 네비올로의 이인자쯤 되는 바르베라Barbera나 돌체토Dolcetto 품종으로 만든 와인은 고가인 바롤로의 훌륭한 대안이 되기도 한다. 그리뇰리노Grignolino나 펠라베르가Pelaverga 품종으로 만드는 스파이시하고 가벼운 레드 와인 등 피에몬테에서만 만들어지는 특산 와인이 아주 많다.

이탈리아 북동쪽 끝에 있는 **프리울리 베네치아 줄리아**Friuli-Venezia-Giulia는 이탈리아에서 화이트 와인으로 대표적인 곳이다. 북쪽으로는 오스트리아, 동쪽으로는 슬로베니아, 크로아티아와 맞닿아 있는 문화의 교차로인 프리울리 베네치아 줄리아에서 생산하는 버라이어틀 와인에는 프리울

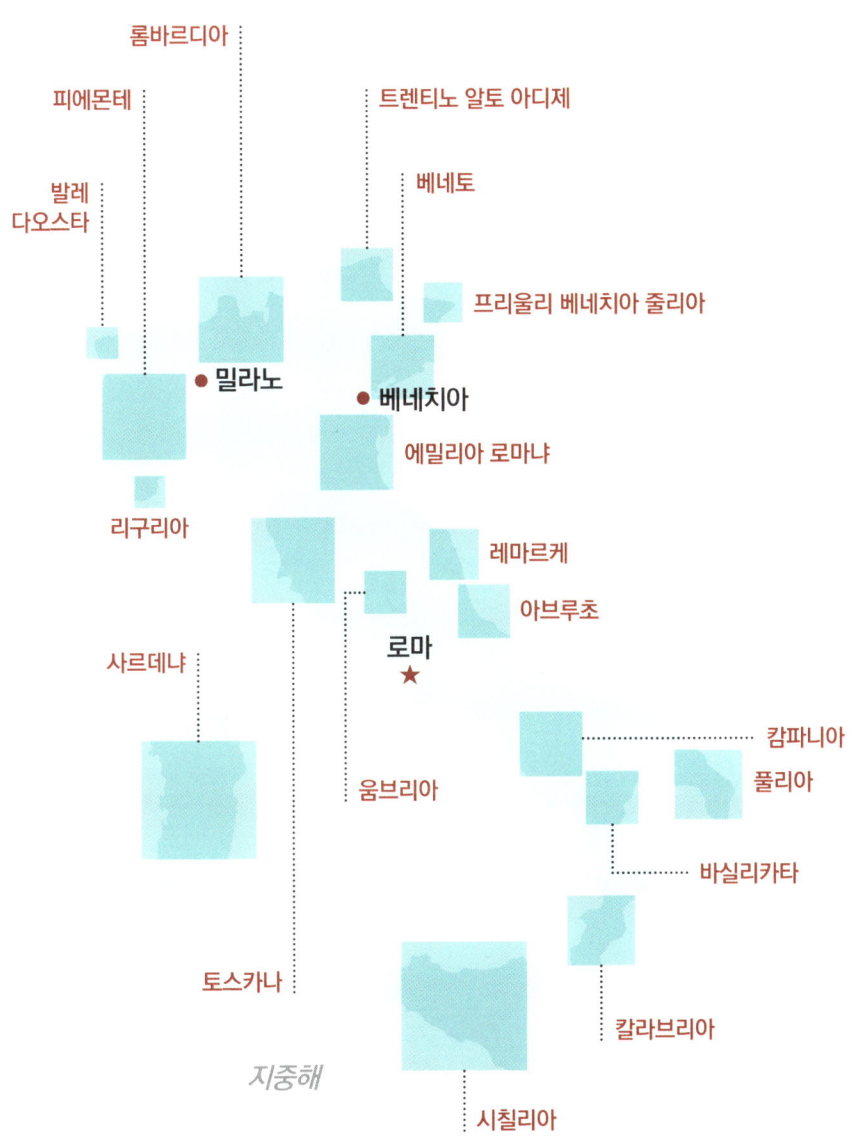

롬바르디아

피에몬테

트렌티노 알토 아디제

베네토

발레
다오스타

프리울리 베네치아 줄리아

● 밀라노

● 베네치아

에밀리아 로마냐

리구리아

레마르케

아브루초

로마
★

사르데냐

캄파니아

풀리아

움브리아

바실리카타

토스카나

칼라브리아

지중해

시칠리아

라노Friulano 품종으로 만든 미네랄이 강한 화이트 와인이 있다.

특산 품종으로 감귤 향이 느껴지는 깔끔한 리볼라 지알라Ribolla Gialla 가 있고, 프랑스에서 유래한 여러 품종도 재배하는데 소비뇽 블랑이 특히 많다. 무게감과 풍부한 풍미, 강한 과실 향이 독특한 피노 그리지오Pinot Grigio가 있고, 청포도를 껍질과 함께 발효해 만드는 특별한 '오렌지 와인'도 눈여겨볼 만하다.

토스카나Toscana는 산지오베제Sangiovese의 지방이라고 할 수 있는데, 키안티 클라시코Chianti Classico와 비노 노빌레 디 몬테풀치아노Vino Nobile di Montepulciano, 브루넬로 디 몬탈치노Brunello di Montalcino에서 생산되는 토스카나의 대표 와인에서 산지오베제의 정점을 맛볼 수 있다. 피렌체와 시에나 사이에 있는 키안티 클라시코는 대륙성 기후이며 점토와 석회, 사암이 섞인 돌이 많은 토양에서 블랙체리의 과실 향과 숲의 아로마가 담긴 시큼한 레드 와인을 만든다. 몬테풀치아노와 몬탈치노는 비슷한 환경이지만 몬탈치노의 와인에서 지중해의 느낌을 더 찾을 수 있다. 브루넬로 디 몬탈치노는 이 '빅3' 중 유일하게 100% 산지오베제 품종으로 이루어져 있어 가장 강하고 검은 과실류의 풍미가 가득한 와인이며 숙성 과정에서 맛이 훨씬 훌륭해진다.

토스카나는 지중해를 따라 길게 펼쳐지는 해안 지방이며, 이곳에서 베르멘티노Vermentino 포도로 허브의 향이 풍부하고 바다 내음을 느낄 수 있는 화이트 와인을 생산한다. 사시카이아Sassicaia나 오르넬라이아Ornellaia와 같은 '슈퍼 투스칸super-Tuscan'이라 불리는 블렌딩 와인이 탄생한 곳이기도 하다. 이 값비싼 레드 와인은 토스카나의 해양성 기후에 잘 적응한 카베르네 소비뇽Cabernet Sauvignon이나 메를로Merlot 같은 프랑스의 보르도 포도에 이탈리아의 숨결을 불어넣어 국제적인 명성을 얻었다.

고대부터 포도 재배의 발상지였던 캄파니아Campania는 원래 그리스의 식민지였으며 로마의 농경 작가 대(大)플리니우스(23-79)가 머문 곳이기도 하다. 캄파니아의 기후는 온화하며 화산토가 주를 이루는데, 스모키하고 무게감이 있는 알리아니코Aglianico 포도의 성장에 아주 좋은 환경으로 알려져 있을 뿐 아니라 피아노Fiano, 팔랑기나Falanghina, 그레코Greco 등 이탈리아의 대표적인 청포도 품종에도 적합하다. 아벨리노Avellino 중심부에서 재배되는 피아노 품종으로 만든 와인에서는 플로럴 향에 꿀 향이 살짝 느껴지는 반면, 그레코 디 투포Greco di Tufo로 대표되는 그레코 품종은 포도가 재배되는 화산석 응회암tufo 토양의 영향으로 미네랄의 풍미를 가지고 있다.

아펜니노산맥의 구릉에 위치한 아펠라시옹 타우라시Taurasi도 캄파니아에 있는데, 알리아니코Aglianico 품종을 주로 사용해 만든 강렬한 레드 와인이 '남부의 바롤로'라 불리기도 한다. 검은 과실류와 담배의 향이 뚜렷하고 스모키하며 타닌이 강한 와인이다.

한때 벌크 와인을 주로 생산했던 **시칠리아**Sicily는 오늘날 이탈리아에서 높은 생산량을 기록하는 지역일 뿐 아니라 유럽에서 가장 큰 활화산인 에트나산에서 만들어지는 와인을 주축으로 그 어느 지역보다 활발하게 와인을 생산하고 있다. 이 독특한 포도 재배지는 위도상으로는 매우 남쪽이지만 유럽에 있는 포도밭 중 가장 높은 고도를 자랑한다. 에트나의 대표 청포도 품종은 산도가 높고 사과의 풍미를 느낄 수 있는 카리칸테Carricante이고, 적포도인 에트나 로쏘Etna Rosso의 중심에는 우아하고 과실의 풍미가 두드러지는 네렐로 마스칼레제Nerello Mascales가 있다. 에트나의 특산 와인들은, 네로 다볼라Nero d'Avola처럼 자주색 과실류의 풍미가 강하고 바디가 무거운 시칠리아의 다른 시그니처 레드 와인보다는 피노 누아Pinot Noir에 가까운 특성을 보여준다.

🇪🇸 스페인

3대 구세계 와인 생산국 중 하나인 스페인은 오늘날의 와인 르네상스도 누리고 있다. 스페인 중부와 남부 대부분은 온화한 지중해성 기후이지만, 북부의 대표 지역 중에는 산맥과 가까운 고원 지대에 있어서 높은 사막처럼 느껴질 정도로 아주 건조한 기후도 있다. 갈리시아Galicia 북서부에서는 더욱 푸르게 우거진 스페인을 볼 수 있으며 서늘하고 습한 기후에서 바다 내음이 느껴지는 짭짤한 화이트 와인과 신선하고 스파이시한 레드 와인이 만들어진다.

스페인의 북부에 위치한 **리오하**Rioja는 스페인에서 가장 유명한 와인 생산지이다. 에브로강을 따라 길게 뻗은 리오하는 대륙성 기후이지만 기온이 다양하게 나타나며 고도의 영향도 있다. 높은 고도에서 볼 수 있는 점토, 석회암, 사암 구성이 최적의 토양 환경을 갖추었다. 부드럽게 감도는 템프라니요Tempranillo가 주요 품종이며, 주로 가르나차Garnacha(그르나슈) 품종과 블렌딩하여 숙성 기간이 긴 레드 와인을 만든다. 오랜 오크 숙성으로 붉은 과실류, 젖은 흙, 가죽의 아로마와 타닌의 구조감이 한층 살아난다. 리오하의 풀 바디 화이트 와인도 눈여겨볼 만한데, 아로마가 강한 비우라Viura 포도로 만든 화이트 와인이 유명하다.

리오하 남쪽에 있는 **리베라 델 두에로**Ribera del Duero는 서쪽으로 흐르는 도루강을 안고 있다. 기온은 온화하지만 일교차가 심한 지역이다. 강과 가까운 토양에는 모래가 많고 고도가 높아질수록 점토와 석회암의 비중이 높아진다. 레드 와인과 일부 로제 와인만 생산하며 대부분의 포도밭에서 틴토 피노Tinto Fino(템프라니요) 품종을 재배한다. 우아한 리오하의 와인과 달리 리베라 델 두에로의 와인은 밀도 있고 강렬하다. 보통 검은 과실류의 풍미가 깔리고 담배, 고기, 모카, 갈아엎은 흙의 향을 느낄 수 있다.

프리오라트Priorat는 카탈루냐의 절벽 위에 위치하고 있으며 잘게 쪼개진 검은 점판암 토양에서 포도를 재배하고 있다. 가르나차와 카리네나Cariñena(카리냥) 품종으로 색이 짙고 농축된 드라이 레드 와인을 생산한다.

갈리시아Galicia는 스페인 북서부 지역으로, 리아스 바이사스Rias Baixas, 리베이로Ribeiro, 리베이라 사크라Ribeira Sacra 등의 아펠라시옹이 위치한 곳이다. 알바리뇨Alvarinho 포도로 만드는 복숭아 향이 도는 짭짤한 화이트 와인과 멘시아Mencia 포도로 만들어 경쾌한 검은 과실류 향이 나는 레드 와인이 가장 유명하다. 요즘 와인 전문가들의 이목이 집중되어 있는 와인들이다.

카탈루냐에 있는 페네데스Penedès는 스파클링 와인 카바Cava를 책임지는 지역이다. 페네데스의 포도밭은 바르셀로나 외곽의 지중해 연안을 따라 자리하고 있다. 카바는 전통적인 샴페인 제조 방식으로 만들지만 샴페인보다 훨씬 저렴한 가격으로 판매한다.

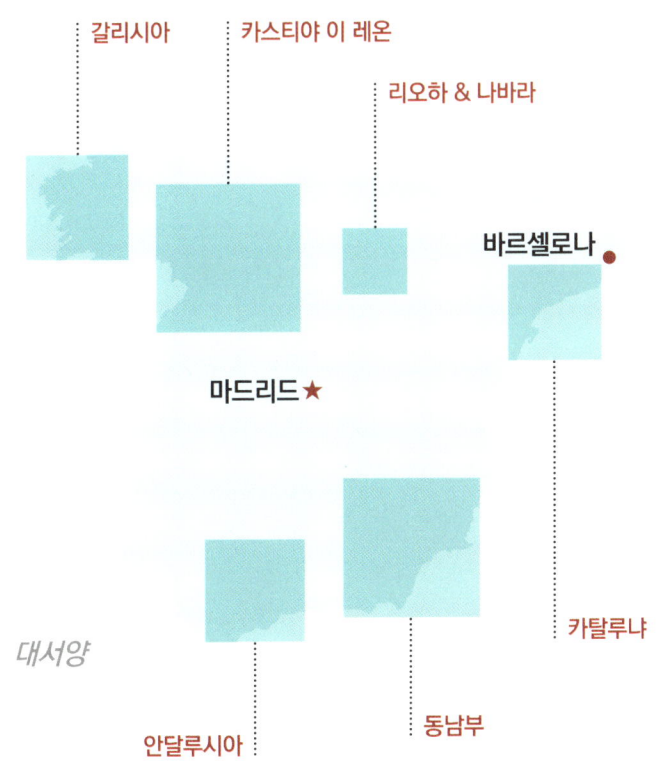

갈리시아

카스티야 이 레온

리오하 & 나바라

바르셀로나

마드리드 ★

대서양

카탈루냐

안달루시아

동남부

🇵🇹 포르투갈

포르투갈 북부의 도루 밸리는 세계에서 가장 처음으로 원산지명칭제도를 도입한 와인 생산지이다. 도루강을 따라 뱃길로 내려가면 만날 수 있는 해안 도시 포르투의 항구에서 전 세계로 운반되었던 리치한 주정강화 와인, 포트 와인으로 유명하다. 도루강 유역은 건조하고 기온이 몹시 높은 편이며 편암을 깎아 만든 계단식 포도밭들이 있다. 요즘에는 포트 와인을 생산하던 품종으로 만든 드라이한 레드 테이블 와인으로 관심이 많이 옮겨가고 있다.

비뉴 베르드 Vinho Verde는 '그린 와인'이라는 뜻의 숙성 기간이 짧은 와인을 말하며, 생산지 이름이기도 하다. 대서양의 영향을 받는 북서쪽 해안가에 위치하고 있다. 로우레이로 Loureiro, 트라자두라 Trajadura, 알바리뇨 Alvarinho 등의 품종으로 만드는 신선하고 경쾌한 화이트 와인을 생산하며 낮은 도수와 약간의 발포성이 특징이다.

위에서 언급했듯이 **도루 밸리** Douro Valley는 바위가 가득한 지형으로 대서양에서 내륙으로 들어올수록 무더운 기후를 보인다. 포트 와인의 지방으로, 대부분 블렌딩하여 만들지만 자줏빛에 타닌이 많은 투리가 나시오날 Touriga Nacional 품종이 강화 와인과 드라이 와인 모두에 주로 쓰인다.

다옹 Dão은 구조감이 탁월한 드라이 레드 와인을 생산하는 지역이다. 도루 아래쪽에 있으며 산맥에 둘러싸여 온화한 지중해성 기후를 보인다. 여러 재래 품종이 있지만 다옹에서도 투리가 나시오날을 가장 많이 재배한다.

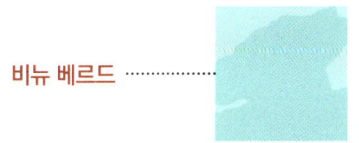

비뉴 베르드 ·············

대서양

● **포르투**

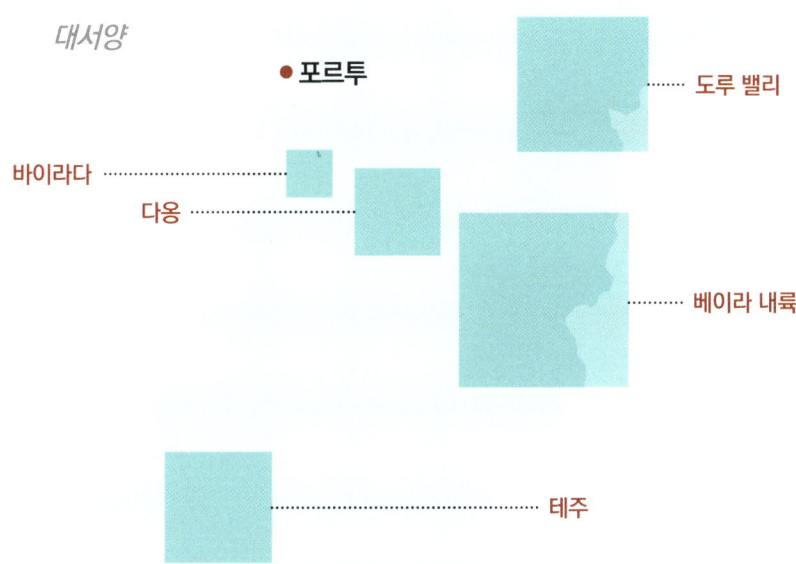

············· 도루 밸리

바이라다 ·················

다옹 ·················

············· 베이라 내륙

·························· 테주

리스본 ★

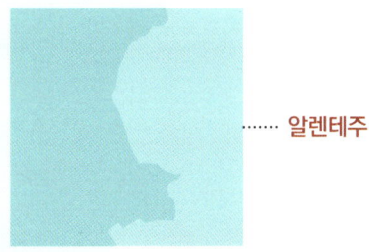

········ 알렌테주

🇦🇹 오스트리아

수천 년 전부터 와인을 만들어온 오스트리아의 매력적인 포도밭들은 오크 숙성을 거치지 않은 아주 드라이한 화이트 와인으로 유명하다. 주요 와인 생산지들은 '하(下)오스트리아'라는 의미의 니더외스터라이히Niederösterreich라 불리는 동부의 다뉴브강 주변에 자리하고 있다. 추운 겨울과 따뜻한 여름이 있는 서늘한 대륙성 기후이며, 다뉴브강을 내려다보는 포도밭들은 경사가 심한 계단식 경지여서 수작업으로 재배해야 한다.

주요 품종은 그뤼너 벨트리너Grüner Veltliner와 리슬링Riesling으로 미네랄이 뚜렷하게 느껴져 침이 고이기도 한다. 이곳의 레드 와인은 재래 품종인 츠바이겔트Zweigelt와 블라우프랑키쉬Blaufränkisch 포도로 만들어 독특한 후추 향과 검은 과실류의 풍미가 느껴지며 보통 라이트한 편이다. 우아하고 생동감 있는 맛을 지닌 오스트리아의 슈패트부르군더Spätburgunder(피노 누아)도 계속해서 품질과 인지도를 높여가고 있다.

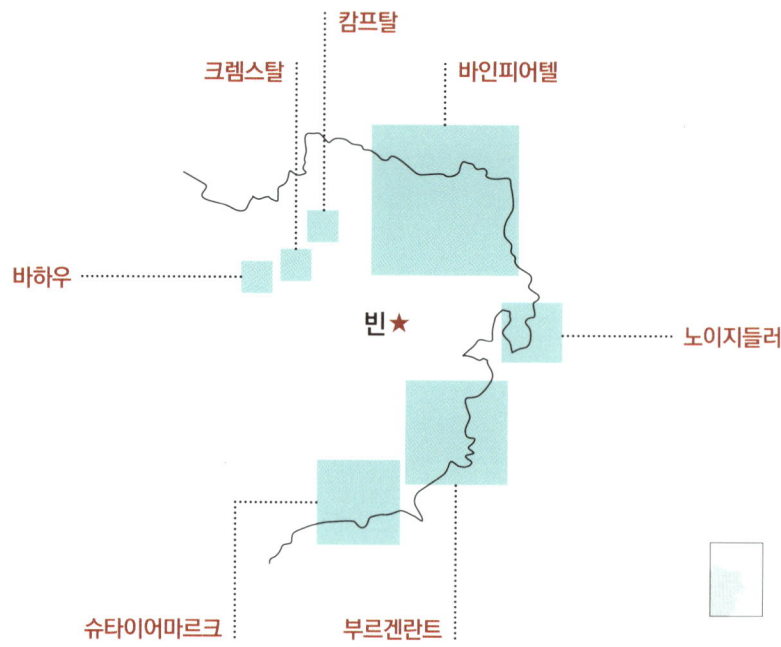

🇩🇪 독일

독일의 와인 생산지는 라인강과 그 지류들을 따라 남쪽에 모여 있다. 일부 지역은 유럽에서 가장 서늘한 기후에 속한다. 독일의 와인 법규는 복잡해서 많은 사람이 독일 와인, 특히 리슬링Riesling 와인에 스위트한 스타일만 있다고 오해하는 경우가 많다. 사실 리슬링 와인은 아주 드라이한 와인부터 스위트 와인, 스파클링 와인까지 다양한 방식으로 만들어진다. 리슬링의 나라인 독일에서는 전체 포도밭의 4분의 1을 리슬링이 차지한다. 튼튼하고 수확이 늦은 품종으로 추운 기후를 잘 견디며, 잘만 만들면 세계에서 가장 매력 있는 와인으로 재탄생하기도 한다.

모젤Mosel은 강가에 위치한 지역으로 유럽에서 제일 춥고, 대부분의 포도밭이 가파른 언덕에 위치해 있다. 열을 잘 보존하는 푸르스름한 점판암 토양으로 배수력도 좋다. 모젤 와인은 낮은 도수에 상큼하고 산뜻한 산미가 균형을 이루는 오프 드라이 와인이나 조금 더 달달한 스타일로 생산되는 편이다.

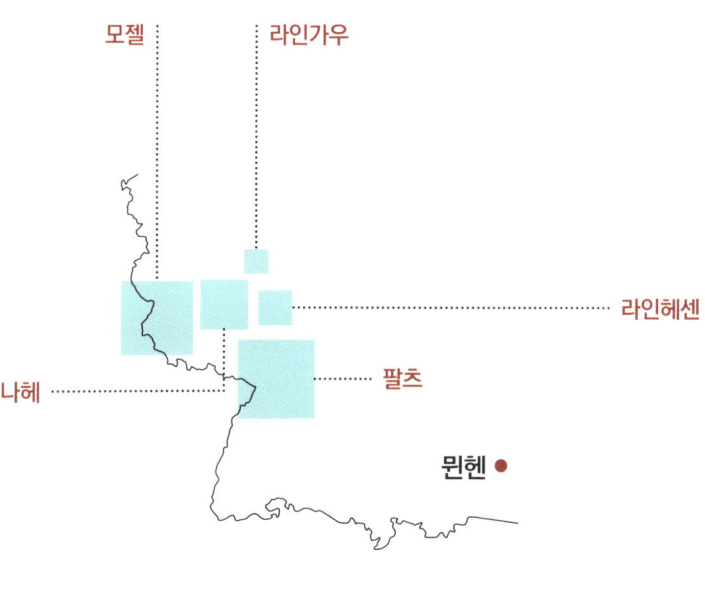

라인강을 따라 모젤의 남동쪽에 있는 **라인가우**Rheingau는 독일에서 가장 오래된 와인 생산지이다. 모든 포도밭이 남쪽을 향하고, 위쪽에 있는 포도밭은 점판암 토양으로 잘 알려져 있다. 라인가우 와인에서는 더욱 무르익은 핵과의 풍미가 느껴진다. 드라이 와인을 주로 생산한다.

팔츠Pfalz는 프랑스의 알자스와 맞닿아 있다. 토양은 석회암과 사암, 붉은 점판암, 충적 자갈토가 혼합되어 있다. 화창하고 건조하며 대체로 더 온화한 기후로 드라이한 스타일의 와인을 생산한다.

🇬🇷 그리스

그리스는 떠오르고 있는 구세계 와인 생산국이다. 대부분 지중해성 기후이지만 북쪽 일부의 산악 지대에서는 대륙성 기후도 나타난다. 독특한 재래 품종이 많은데 이제 막 세계에 알려지고 있다.

네메아Nemea는 가장 대표적인 레드 와인 생산지이다. 그리스 본토와 작은 육교로 연결되어 있으며 아테네 남부까지 차로 한두 시간 거리이다. 아기오르기티코Agiorgitiko와 시노마브로Xinomavro가 최상의 적포도 품종이다. 성 조지Saint George라는 이름으로도 불리는 아기오르기티코로 선명하고 이국적인 느낌의 스파이시한 레드 와인이 만들어진다.

마케도니아Macedonia는 내륙 지역으로 그리스의 북부를 가로지른다. 마케도니아에서 재배되는 시노마브로 포도의 품질은 아주 훌륭하며, 이 품종으로 흙의 아로마가 강렬하고 검은 과실류와 초콜릿의 향, 단단한 타닌을 느낄 수 있는 레드 와인을 생산한다.

세계에서 가장 멋진 와인 투어를 할 수 있는 **산토리니**Santorini에 가면 바다 풍경과 환상적인 일몰, 아시리티코Assyrtiko 포도로 만든 선명하고 산뜻한 화이트 와인을 맛볼 수 있다. 아시리티코는 산토리니에서 수천 년 동안 재배되어 온 품종이다.

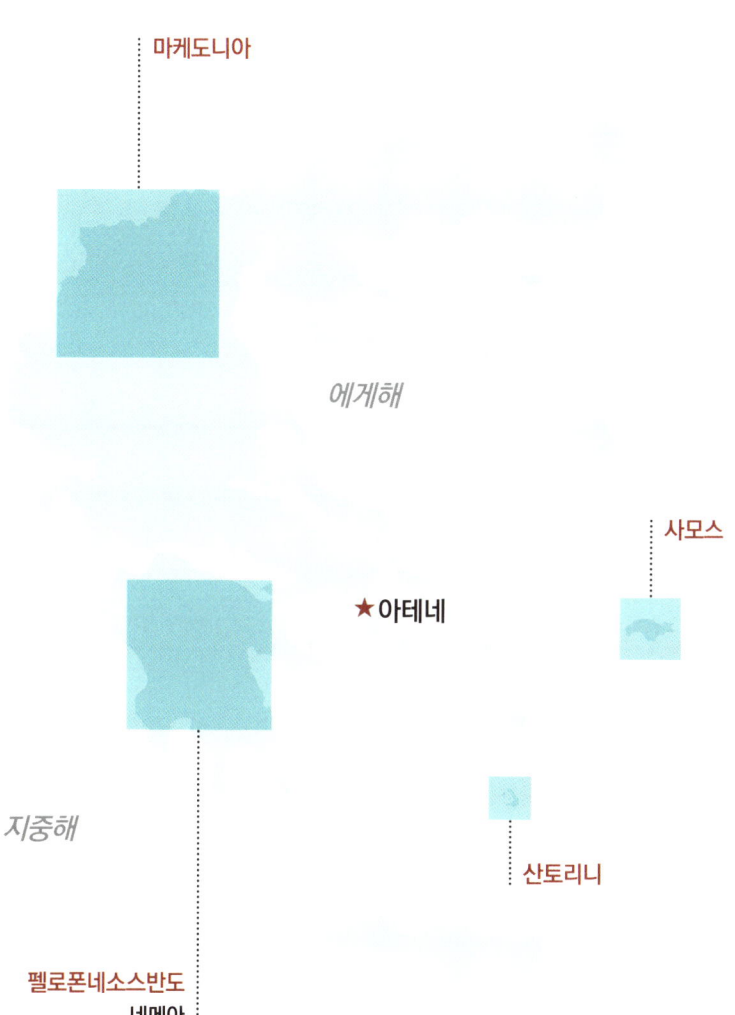

マケドニア

エーゲ海 에게해

사모스

★ 아테네

지중해

산토리니

펠로폰네소스반도
네메아

세계의 와인 | 119

🇺🇸 미국

캘리포니아

미국 50개 주 모두 와인을 생산하고 있지만 그중 캘리포니아가 1970년 대 후반부터 미국의 와인을 주도해왔다. 미국의 와인 산업이 금주령에서 벗어나기까지 오랜 세월이 걸렸는데, 1976년 '파리의 심판'에서 2개의 미국 와인이 여러 프랑스 와인들보다 높은 블라인드 테이스팅 점수를 받으면서 캘리포니아 와인에 이목이 집중되었다. 세계가 놀란 일이었고, 증류주와 맥주가 우세하던 미국에 와인도 공식적인 자리를 차지하게 되었다.

나파 밸리 Napa Valley는 대체로 건조한 지중해성 기후이며 일교차가 상당히 크다. 산파블로만과 태평양에서 올라오는 안개의 영향도 많이 받는데, 밤사이 안개가 포도의 온도를 낮추어 산미를 유지할 수 있다. 포도밭의 고도와 방향도 못지않게 중요해서 하월산이나 비더산 등의 산비탈에 있는 아펠라시옹에서 생산되는 와인은 더욱 단단한 느낌과 미네랄 구조감을 보여준다. 대표적인 청포도 품종은 샤르도네Chardonnay와 소비뇽 블랑이다. 나파 밸리의 샤르도네는 최근 몇 년 사이 맛이 조금 변하긴 했지만, 버터와 오크 향이 느껴지는 리치한 와인이다. 레드 와인은 조금 더 서늘한 소구역 카네로스Carneros에서 생산되는, 리치하고 색이 짙으며 과실향이 풍부한 카베르네 소비뇽Cabernet Sauvignon, 메를로Merlot, 피노 누아Pinot Noir가 유명하다. 더 온화한 지역에서는 캘리포니아에서 거의 독점 생산되는 진판델Zinfandel도 재배한다.

소노마 카운티 Sonoma County는 나파 밸리의 서쪽에 위치한 더 서늘하고 해안이 많은 지역이다. 나파 밸리와 유사하게 페탈루마 갭Petaluma Gap 지역을 거쳐 밀려오는 바다 안개와 고도가 포도 재배에 결정적인 역할을 한다. 청포도와 적포도 품종 모두 나파 밸리의 품종과 유사하다.

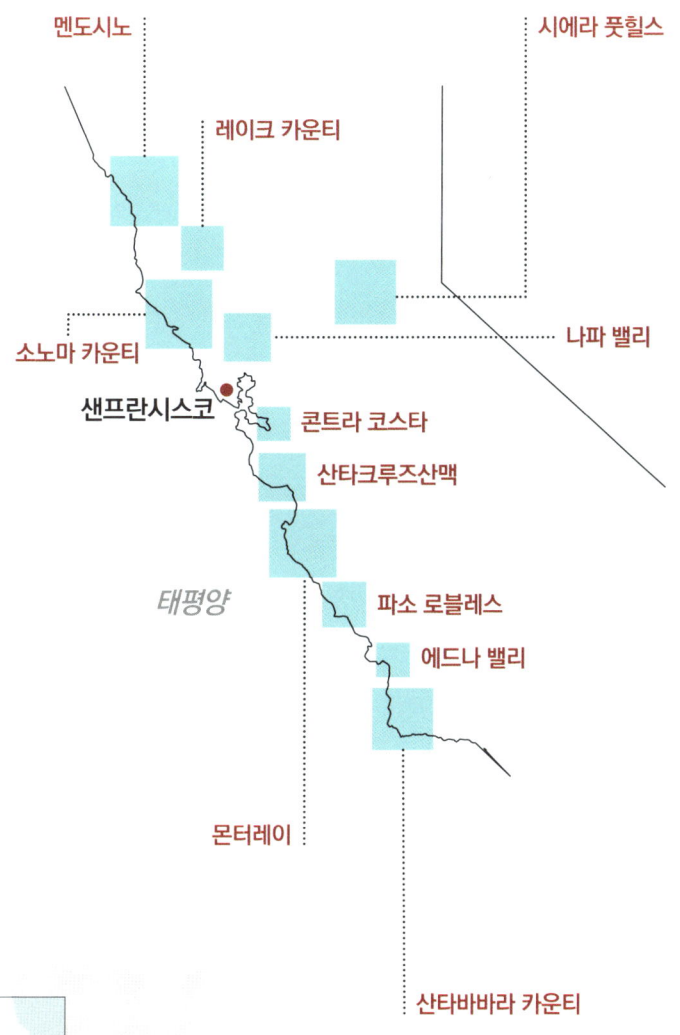

멘도시노

레이크 카운티

시에라 풋힐스

소노마 카운티

샌프란시스코

나파 밸리

콘트라 코스타

산타크루즈산맥

태평양

파소 로블레스

에드나 밸리

몬터레이

산타바바라 카운티

워싱턴

워싱턴의 와인 생산 지역은 캐스케이드산맥 동쪽에 주로 위치해 있다. 이 지역은 덥고 사막 같은 기후로, 큰 일교차가 포도를 성장기 내내 신선하게 만든다. 연평균 강수량이 250밀리미터도 되지 않아 컬럼비아강, 스네이크강, 야키마강에서 수원을 확보한다. 샤르도네와 리슬링Riesling 품종으로 고급 화이트 와인도 생산하지만 레드 와인 생산에 중점을 둔다. 주요 적포도 품종은 카베르네 소비뇽과 메를로, 시라Syrah이며, 특히 시라는 북부 론의 시라와 유사한 느낌을 준다.

오리건

오리건의 윌라멧 밸리Willamette Valley는 지난 40년 동안 잘 알려지지 않았던 지역에서 지금은 세계적으로 훌륭한 피노 누아 생산지로 변모했다. 그럼에도 불구하고 다른 대표적인 피노 누아와 비교해 전혀 부족함이 없다. 윌라멧 밸리와 태평양 사이를 가로막는 해안 산맥이 중간 중간 끊어지는 곳에서 서늘한 공기가 유입되지만 폭우로부터는 보호되는 지형이며, 미국에서 위도상 가장 북쪽에 있는 지역에 속한다. 와인 산업이 발전하면서 특색 있는 소구역들이 만들어지고 훌륭한 생산자의 수도 계속해서 증가하고 있다.

뉴욕

뉴욕은 미국에서 세 번째로 큰 와인 생산 지역이다. 소구역에 따라 다양한 기후가 나타나며, 최근에는 서늘한 대륙성 기후의 핑거 레이크스finger lakes 지역에서 생산한 화이트 와인이 주목을 받고 있다. 세계적인 수준의 이 드라이 리슬링 와인을 기억해두자.

🇨🇱 칠레

칠레 와인은 초기에 스페인 와인의 영향을 받았고, 현재는 포도 재배와 와인 양조 모두 프랑스의 스타일을 뚜렷하게 보여주고 있다. 1800년대 후반 보르도에서 다양한 품종을 들여왔고 보르도의 샤토château와 유사한 형태의 와이너리를 만들기도 했다.

칠레의 기후는 남북으로 차이가 크다. 길게 뻗어 있는 안데스산맥이 와인 생산에 최상의 환경을 조성하며 산맥에서 눈이 녹아내리면서 포도밭에 자연적으로 관개가 이루어진다. 또한 남극에서 올라오는 훔볼트해류가 온도를 낮추어 해수가 차가워지고 공기가 서늘해지며 안개가 생기기도 한다.

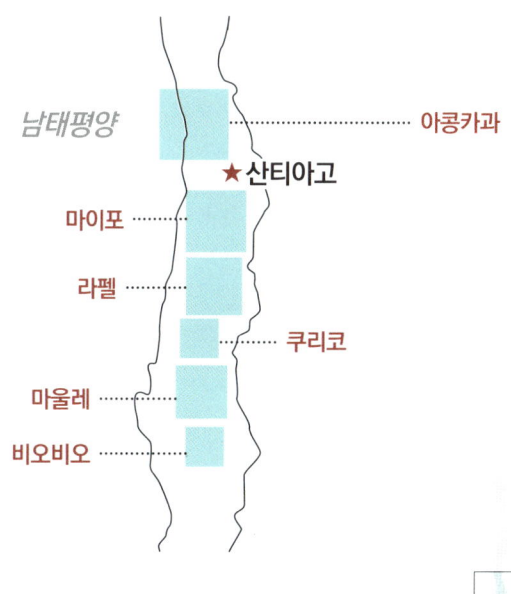

남태평양
아콩카과
★산티아고
마이포
라펠
쿠리코
마울레
비오비오

잘 익은
카베르네 프랑.

칠레의 대표적인 와인 생산지는 **아콩카과**Aconcagua와 **센트럴 밸리**Central Valley이다. 면적이 작은 아콩카과는 오크 숙성을 거치지 않은 샤르도네 Chardonnay와 피노 누아 Pinot Noir 그리고 산뜻한 풀 향이 느껴지는 소비뇽 블랑으로 유명하다. 센트럴 밸리에서는 보르도 적포도 품종을 주로 재배하는데, 이곳에서 생산하는 와인이 칠레 전체 생산량의 80%를 차지한다. 마이포 밸리 Maipo Valley와 콜차구아 밸리 Colchagua Valley가 가장 널리 알려진 소구역으로, 카베르네 소비뇽 Cabernet Sauvignon과 보르도 스타일의 블렌딩 와인을 생산한다. 또 보르도에서는 시간이 흐르며 사라졌지만 이 지역의 시그니처 포도 품종인 카르메네르 Carmenère로 만든 허브 아로마가 느껴지는 우아한 레드 와인도 생산한다.

🇦🇷 아르헨티나

스페인과 이탈리아에서 온 이민자들이 아르헨티나의 와인 생산 역사에 큰 영향을 미쳤지만, 칠레와 마찬가지로 오늘날 고급 와인의 대부분은 프랑스 품종으로 생산되고 있다. 아르헨티나의 와인 생산지는 안데스산맥의 동쪽에 위치해 건조하다. 안데스산맥의 눈이 녹아내려 포도밭에 물을 공급해주는데 고온의 기후에서 아주 중요한 일이다. 온화한 기후와 강한 조도로 높은 당도가 유지되는 반면 산도는 고도가 큰 역할을 미친다. 포도밭의 평균 고도는 3,000피트로 포도가 낮에는 익어가고 밤에는 차갑게 식기 때문에 와인의 산도를 유지할 수 있다.

아르헨티나 와인의 인기는 21세기에 들어서며 빠르게 성장했고, 새카맣고 타닌이 강한 말벡 Malbec 포도로 만든 레드 와인이 그 인기를 이끌고 있다. 카베르네 소비뇽 Cabernet Sauvignon과 샤르도네 Chardonnay, 아로마가 강한 화이트 와인 토론테스 Torrontés도 성공적으로 명성을 얻고 있다.

멘도사 Mendoza는 아르헨티나에서 가장 큰 포도 재배지로, 오늘날 '말벡 포도의 고장'이라고 불린다. 전통적으로 말벡은 프랑스 보르도에서 재배되었고 보르도와 가까운 카오르 Cahors에서도 많이 재배되었다. 아르헨티나의 말벡은 자줏빛이 선명하고 바이올렛의 아로마와 잘 익은 검은 과실류, 향신료의 향이 있고 갈아엎은 흙의 향도 느낄 수 있다. 아르헨티나 말벡의 세련된 타닌은 카오르의 강하고 독특한 말벡에 익숙한 소비자들에게 새로운 맛을 선사하고 있다.

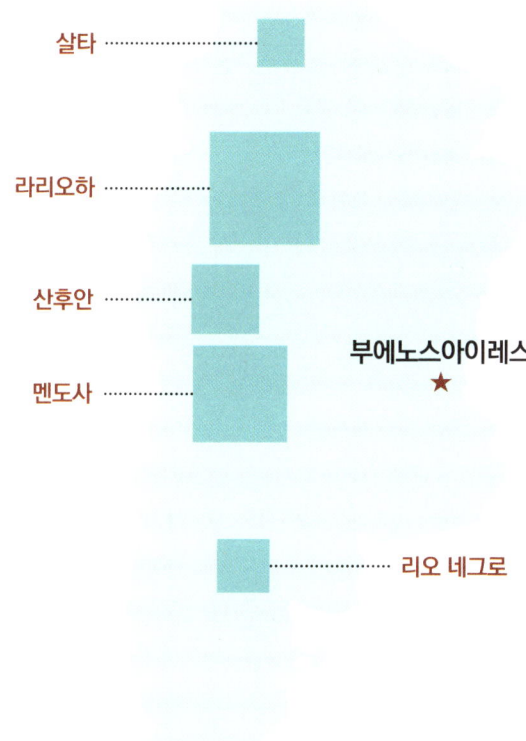

살타

라리오하

산후안

멘도사

부에노스아이레스
★

리오 네그로

남대서양

🇿🇦 남아프리카공화국

남아프리카의 와인 생산 지역은 대부분 해안가에 있다. 해양성 기후를 보이며 남극에서 올라오는 벵겔라해류가 두루 영향을 미친다. 스틴Steen으로도 불리는 슈냉 블랑Chenin Blanc이 가장 많이 생산되는 청포도 품종이지만 품질 수준이 다양하게 나타나며 생산량이 감소하고 있는 추세이다. 스텔렌보스Stellenbosch 아펠라시옹에서는 신선하고 미네랄 풍미가 강한 소비뇽 블랑과 카베르네 소비뇽Cabernet Sauvignon으로 만든 레드 와인이 유명하다.

최근 보르도 품종들이 성공을 거두면서 더 리치한 쉬라즈Shiraz 또는 시라Syrah 와인도 점차 인기를 얻고 있다. 남아프리카의 시그니처 적포도는 피노 누아Pinot Noir와 쌩쏘Cinsault의 교배종인 피노타주Pinotage로 스모키하고 풍미가 좋은 풀 바디 와인으로 만들어진다. 더 남쪽에 있는 워커 베이Walker Bay는 샤르도네Chardonnay와 피노 누아 생산에서 강세를 보인다.

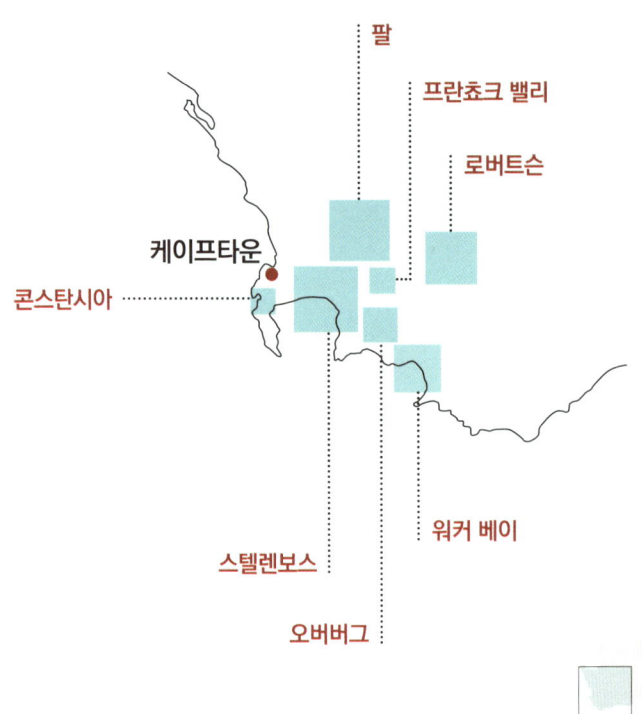

케이프타운

콘스탄시아

팔

프란쵸크 밸리

로버트슨

워커 베이

스텔렌보스

오버버그

뉴질랜드

뉴질랜드에는 세계에서 가장 남쪽에 위치한 와인 생산지들이 있다. 따뜻한 해양성 기후인 지역도 있지만, 특히 포도밭이 남극을 향해 있는 남섬의 일부 소구역은 서늘하다. 지난 30년 동안 뉴질랜드 와인의 품질은 전반적으로 급상승하였다. 1990년대에는 묵직하고 향이 자극적인 소비뇽 블랑을 중심으로 명성을 쌓았고, 이후 피노 누아Pinot Noir가 그 인기를 이어가고 있다. 아직은 잘 알려져 있지 않지만 산뜻하고 산도가 높은 샤르도네Chardonnay도 아주 매력적이다.

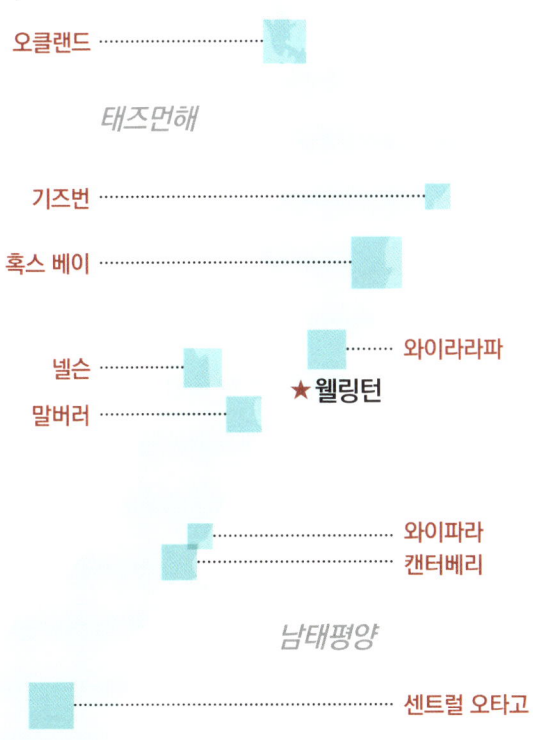

오클랜드

태즈먼해

기즈번

혹스 베이

와이라라파

넬슨

★ **웰링턴**

말버러

와이파라

캔터베리

남태평양

센트럴 오타고

말버러Marlborough는 남섬에 있는 서늘하고 건조한 지역으로 소비뇽 블랑이 유명하다. 뉴질랜드 와인의 대부분이 말버러에서 생산되고 있다. 말버러의 소비뇽 블랑에서는 허브의 풍미와 함께 열대 과일과 잘 익은 감귤류의 향을 강하게 느낄 수 있다.

요즘 떠오르고 있는 **센트럴 오타고**Central Otago는 비교적 높은 고도의 포도밭에서 재배되는 아로마가 풍부하고 활력 있는 피노 누아로 잘 알려져 있다. 배수가 잘 되는 편암 토양과 서늘한 기후 덕분에 신세계와 구세계를 아우르는 최고의 와인들과 견줄 만한 와인이 생산되고 있다.

🇦🇺 오스트레일리아

얼마 전 미국에서 오스트레일리아 와인이 전성기를 누렸다. 오스트레일리아는 대체로 덥고 건조한 기후이며 훌륭한 생산지 대부분이 남쪽 해안을 따라 곳곳에 위치하고 있다. 사우스오스트레일리아는 서늘한 편이지만 포도가 선명한 색으로 완전히 익는 데 전혀 문제가 없다. 오스트레일리아는 다양한 적포도와 청포도 품종을 최상의 품질로 생산해내며 그중 쉬라즈 Shiraz(오스트레일리아에서 시라Syrah 품종을 부르는 이름)가 국제적으로 가장 명성을 얻은 품종이다. 대표적인 청포도 품종으로는 리슬링Riesling, 세미용 Sémillon, 비오니에Viognier, 샤르도네Chardonnay가 있다. 그르나슈Grenache와 카베르네 소비뇽Cabernet Sauvignon 등의 적포도도 많이 재배한다.

바로사 밸리 Barossa Valley는 사우스오스트레일리아의 애들레이드 북부에 위치한 지역으로 지중해성 기후를 보인다. 1800년대 후반 포도밭에 들끓어 전 세계 와인 생산을 크게 망쳐놓았던 포도나무뿌리진디phylloxera에 한 번도 당하지 않았던 지역으로, 대부분 100년도 더 된 포도나무들이 있다. 쉬라즈, 그르나슈, 카베르네 소비뇽 등의 레드 와인이 대표적이다. 검은 과실류, 허브, 훈제 고기, 향신료의 향이 있고 초콜릿 같은 타닌이 느껴지며 밀도 있게 진한 느낌을 준다.

클레어 밸리 Clare Valley는 바로사 밸리의 북쪽에 있으며 대륙성 기후를 보

이고 쉬라즈와 카베르네 소비뇽으로 유명하다. 요즘에는 리슬링 와인
이 대표 상품으로 떠오르고 있는데, 라임 꽃과 젖은 돌의 향이 느껴지
는 아주 드라이하고 신선하며 산도가 높은 매력적인 와인이다.

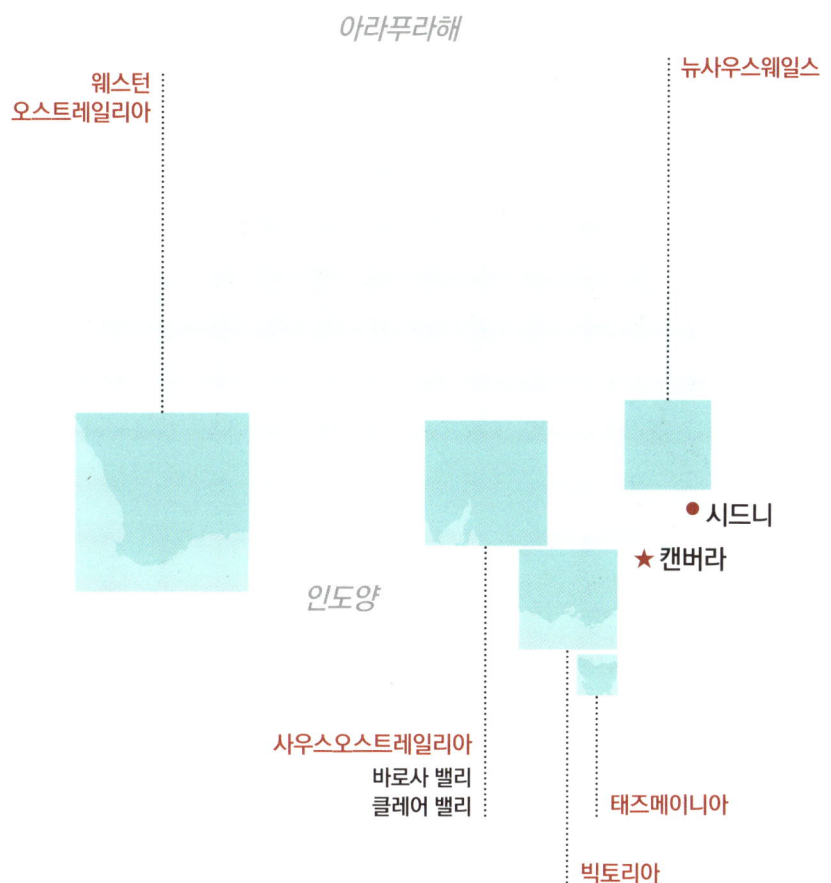

아라푸라해

웨스턴
오스트레일리아

뉴사우스웨일스

● 시드니

★ 캔버라

인도양

사우스오스트레일리아
바로사 밸리
클레어 밸리

태즈메이니아

빅토리아

넓고 깊어지는 와인의 세계

밀물이 밀려들면 모든 배가 함께 뜬다는 말처럼 전 세계 와인 품질의 기준선이 이렇게 높았던 적은 없었다. 기술과 투자가 와인 세계의 새로운 국면으로 향하는 길을 열어주었고, 역사적인 와인 생산지임에도 불구하고 널리 알려지지 않았던 지역들도 서서히 주목을 받고 있다.

이 중 가장 주목할 만한 곳은 캅카스 산악 지역에 있는 옛 소련 국가인 조지아Georgia로, 고대부터 와인 양조 품종인 '비티스 비니페라Vitis Vinifera'가 뿌리내린 곳이며 와인 제조의 발상지라고 할 수 있는 지역이다. 재래 품종으로 만드는 오렌지 와인을 비롯해 아주 전통적인 스타일의 와인을 생산하며 흙으로 빚은 암포라amphorae라는 용기에서 숙성을 진행해 와인 전문가들의 이목을 끌고 있다.

그 밖에 슬로베니아, 크로아티아, 보스니아 헤르체고비나 등의 옛 유고슬라비아 지역에서는 말바지아Malvasia 등의 포도로 아드리아해의 풍미가 담긴 훌륭한 화이트 와인과 묵직하고 향이 강한 레드 와인을 생산한다.

멕시코의 바하칼리포르니아Baja California, 미국의 텍사스힐 컨트리Texas Hill Country, 캐나다 브리티시 컬럼비아의 오카나간 밸리Okanagan Valley, 스파클링 와인을 꽃피우는 영국, 스페인의 카나리아제도Canary Islands, 헝가리의 토카이Tokaji 외에도 와인의 세계에 가치와 즐거움을 더해줄 수많은 와인 생산지들이 곳곳에 널리 자리하고 있다.

7

와인과
음식 페어링

우리 집 소믈리에가 되기 위한 다음 단계는 와인을 음식과 함께 생각하는 것이다. 노련한 소믈리에는 와인으로 함께하는 음식의 가치를 높이는 일도 임무로 여긴다. 결국 와인은 음식과 함께 즐기는 것이고 음식과 조화롭게 어우러져야 한다. 와인에 대한 이해가 깊어지면 어떤 와인이 지금 먹고 있는 음식의 맛을 최상으로 끌어낼 수 있는지 직감적으로 알 수 있다. 그래서 소믈리에는 셰프와 긴밀하게 협력해야 하는데, 스스로 셰프이자 소믈리에가 될 수 있다면 그것만큼 좋은 일도 없다. 와인과 음식 페어링의 '규칙'을 설명하는 글을 굉장히 많이 보았을 것이다. 하지만 경험상 고려해야 하는 변수가 아주 다양해서 언제나 예외 없이 적용할 수 있는 고정적인 규칙 같은 건 없다. 약간의 예술과 약간의 과학 그리고 색에 대한 문화적 소양도 조금은 필요하다. 수년간 공부해온 내용의 일부를 정리해보았다.

소금, 지방, 산, 열

뉴욕 다임스 선정 베스트셀러 작가인 사민 노스랏Samin Nosrat이 말한 '훌륭한 요리를 만드는 4가지 요소'가 성공적인 와인 페어링에도 필수적인 요소임을 설명하려고 한다. 그 이유를 살펴보자.

　소금은 타닌과 알코올을 강화하고, 마찬가지로 타닌과 알코올도 소금의 짠맛을 강화한다. 그래서 짭짤한 음식을 타닌이나 알코올이 강한 와인과 페어링하면 음식의 짠맛이 더 느껴지고 와인도 타닌이 거슬리거나 도수가 높아 '더 뜨겁게' 느껴질 수 있다. 굴이나 프로슈토 햄처럼 짭짤한 음식에는 산뜻하고 신선한 화이트 와인이 더 잘 어울린다.

　립아이 스테이크의 마블링이든 치즈의 포화지방이든 음식에 포함된 지방은 와인의 산과 타닌에 가장 효과적으로 분해된다. 아주 합이 좋은 관계라고 할 수 있다. 기름이 둥둥 떠 있는 물 위에 레몬즙을 한두 방울 떨어뜨리면 볼 수 있듯 산은 지방을 분해하고, 지방은 타닌을 흡수해 와인의 질감을 부드럽게 하면서 입안을 싹 정리해주는 역할을 한다. 역사상 가장 위대한 와인과 음식의 궁합은 산미가 강한 프랑스 루아르 밸리 소비뇽 블랑Loire Valley Sauvignon Blanc과 이 지역에서 만들어지는 리치하고 꾸덕꾸덕한 크로탱 드 샤비뇰 염소 치즈이다.

　산은 지방을 분해할 뿐 아니라 다른 산과도 조화를 이룬다. 산미가 있는 와인은 비네그레트 드레싱(식초와 오일에 여러 종류의 허브를 더해 만든 드레싱)이나 레몬 버터, 감귤류 과일 등 산이 많이 포함된 음식과 가장 잘 어울린다.

　칠리 등 매운 향신료에서 느낄 수 있는 열은 알코올의 뜨거움과 타닌의 질감을 강화하기 때문에 와인에서 금속 맛이 나거나 음식을 더욱 맵게 만든다. 매콤한 음식에는 오프 드라이 화이트 와인이나 라이트하고 부드럽게 감도는 레드 와인이 좋다.

보완 페어링 vs 대비 페어링

와인과 음식 페어링은 '서로 비슷하여 보완하는 조합'과 '서로 달라서 대비되는 조합' 중 하나를 선택하는 일처럼 보이지만, 사실 보완과 대비가 둘 다 이뤄지기도 한다. 대비되는 페어링의 경우, 원하는 맛과 다른 맛을 페어링하는 것이 아니라 질감을 대비시키는 것이다. 137쪽의 설명처럼 산도와 타닌이 강한 와인을 지방이 많은 음식과 페어링하는 식이다. 강한 타닌이 느껴지는 이탈리아의 바롤로Barolo와 지방이 많고 양념이 진한 소고기 찜을 페어링하면 한 모금 마실 때마다 입안의 기름기를 씻어낼 수 있어 최상의 질감 대비를 느낄 수 있다. 기포가 입안을 깔끔하게 정리해주는 효과가 있는 샴페인Champagne의 발포성은 치즈와 환상적인 궁합을 이룬다. 오프 드라이 독일 리슬링German Riesling은 잔당이 살짝 느껴지고 약간의 점성이 음식의 자극적인 열기를 가라앉혀주어 향신료가 자극적인 태국 음식이나 광둥 음식, 아주 매운 음식들과 예술적인 궁합을 이룬다.

　와인과 음식이 지닌 맛과 아로마가 비슷해서 서로 보완하는 페어링의 예도 많다. 버섯에서 느껴지는 흙의 아로마나 거의 익히지 않은 소고기의 강렬한 미네랄 풍미와 레드 와인의 페어링이 그렇다. 또 오크 숙성을 거친 크리미한 화이트 와인을 생각나게 하는 버터를 듬뿍 바른 닭고기와 생선도 있다.

무게의 문제

가볍거나 보통이거나 묵직한, 음식의 전반적인 '무게감'을 와인의 무게감과 비슷하게 맞추는 것도 중요한 고려 사항이다. 개인적으로는 가볍고 산미가 강한 레드 와인을 묵직한 고기 요리와 페어링하는 것도 좋아하지만, 무게감을 맞춰주면 어렵지 않게 기분 좋은 식사를 즐길 수 있다. 녹색 채소를 곁들인 익힌 광어 요리와 오크 숙성을 하지 않은 산뜻한 화이트 와인의 만남이나 포터하우스 스테이크 한 덩이와 함께 마시는 진한 나파 밸리 카베르네 소비뇽Napa Valley Cabernet Sauvignon을 상상해보자.

주인공은 정해져 있지 않다

메인 요리의 재료가 항상 페어링의 주인공이 되는 것은 아니다. 함께 곁들인 사이드 디시나 소스가 페어링의 결정적인 요소가 되기도 한다. 예를 들어 흑후추를 잔뜩 뿌려 구운 스테이크의 페어링을 고민할 때는, 향신료 없이 간단하게 구운 스테이크보다 타닌의 강도나 알코올 도수를 낮추어 생각하게 된다. 타닌이 강해 입안이 잔뜩 조여드는 카베르네Cabernet보다는 보졸레Beaujolais나 미디엄 바디 시라 Syrah 정도가 적당하다.

단맛 조절하기

사실 디저트와의 페어링이 가장 어렵다. 아주 달달한 디저트와 드라이 와인을 함께 마시면 와인이 불쾌할 정도로 너무 드라이해져서 인상을 쓰게 될 수 있다. 반대로 당도가 몹시 높은 디저트 와인을 비슷한 단맛의 디저트와 함께 먹으면 너무 달아 물릴 수 있다. 전 세계 대부분의 클래식 스위트 와인은 그 자체로 디저트의 역할을 하거나 디저트에 단맛을 더해주는 감미료로 사용한다. 포트 Port 와인 등의 스위트 와인은 스틸턴 치즈처럼 짭짤하고 향이 독특한 치즈와 아주 고급스러운 대비 페어링을 이룬다. 마데이라 Madeira나 셰리 Sherry처럼 견과류 풍미가 있고 산화가 많이 진행된 강화 와인은 드라이한 스타일과 적당히 달달한 스타일 모두 초콜릿과 견과류가 들어간 디저트와 아주 훌륭하게 어우러진다.

같은 지역으로 페어링하기

"같은 지역의 와인과 음식은 같이 간다."는 와인 업계에서 흔히 하는 말이다. 우리 집 소믈리에로서 어느 지역이나 나라의 특색 음식을 요리하고 그 지역의 대표적인 와인을 페어링해볼 수 있다. 쉽게는 루아르 밸리의 뮈스카데Muscadet와 굴 요리가 있고, 조금 더 준비한다면 신선한 프로방스의 로제 와인과 프랑스의 생선 스튜인 부야베스도 훌륭한 조합이다.

이 음식에는
어떤 와인이
어울릴까?

와인의 세계로 모험을 떠나기 전에
대표적인 음식과 와인 페어링을
정리해 놓은 베이직 가이드를 살펴보자.
와인이 있는 식사의 품격을
한층 높여줄 것이다.

 |  |  |

치즈

생치즈, 염소 치즈 (셰브르)	루아르 밸리 소비뇽 블랑 / 드라이 리슬링
흰곰팡이 치즈 (카망베르, 브리)	샤블리(샤르도네) / 피노 비앙코
세척외피 치즈 (에푸아스, 탈레지오)	알자스 게뷔르츠트라미너 / 부브레(슈냉 블랑) / 프랑스 사부아와 이탈리아 알프스에서 생산되는 산뜻한 마운틴 화이트 와인
블루 치즈 (스틸턴, 고르곤졸라)	포트 / 소테른 / 빈 산토 / 스위트 리슬링
경질 치즈 (파르미자노, 만체고)	미디엄 바디에 타닌이 적인 레드 와인 (리오하, 키안티) / 리치한 화이트 와인(샤르도네) / 셰리

채소

샐러드, 비네그레트 드레싱	소비뇽 블랑 / 그뤼너 벨트리너
녹색 채소	그뤼너 벨트리너 / 독일 리슬링
버섯	오래 숙성한 화이트 버건디(샤르도네) / 흙의 풍미가 살아 있는 레드 와인 (이탈리아 네비올로, 부르고뉴 피노 누아) / 아몬티야도처럼 산화 숙성한 셰리
뿌리채소	샤르도네, 마르산느, 루산느 품종으로 만들어 오크 숙성한 화이트 와인 / 스페인 화이트 리오하

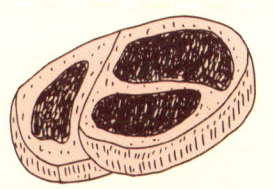

고기

닭고기	오크 숙성한 샤르도네(부르고뉴, 캘리포니아) / 피노 누아(독일, 오리건) / 보졸레
돼지고기	알자스 화이트 와인 / 독일 리슬링 / 샤르도네 / 피노 누아, 스페인 템프라니요 등 라이트한 레드 와인
소고기	보르도 레드 와인 / 카베르네 소비뇽 (캘리포니아, 워싱턴, 칠레) / 아르헨티나 말벡 / 바롤로 / 산지오베제(브루넬로 디 몬탈치노)
양고기	프랑스 시라(코트로티, 생조셉) / 지중해 레드 와인(방돌 루즈, 샤토네프 뒤 파프, 칸노나우 디 사르데냐) / 캘리포니아 진판델
오리, 기타 육류	진한 스페인 레드 와인(리베라 델 두에로, 프리오라트) / 이탈리아 바르베라 / 카베르네 소비뇽 / 산지오베제(키안티 클라시코)
소시지	알자스 리슬링 / 독일 리슬링 / 쥐라 레드 / 이탈리아 바르베라 / 이탈리아 돌체토

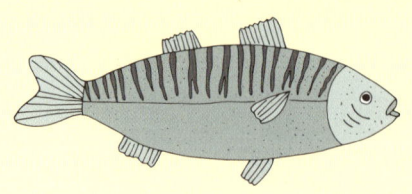

어패류

굴, 조개	뮈스카데 / 카바 / 샴페인
조개 스튜	프로방스 로제 와인과 화이트 와인 (방돌 블랑) / 이탈리아 베르멘티노(리구리아)
문어	스페인 화이트 와인(알바리뇨) / 비뉴 베르드 / 슈냉 블랑
서대, 광어, 농어	이탈리아 화이트 와인(피노 그리지오, 베르디키오, 베르멘티노) / 샤블리 등 오크 숙성하지 않은 화이트 와인
황새치	시칠리아, 사디니아, 산토리니에서 생산되는 리치한 '섬' 화이트 와인
연어	오리건 피노 누아 / 보졸레
참치	피노 누아 / 보졸레
정어리, 고등어	스페인 차콜리와 피노 셰리처럼 산도가 높고 과실 풍미는 적은 화이트 와인 / 샴페인

허브/향신료

파슬리, 오레가노	베르멘티노(이탈리아, 남부 프랑스) / 그뤼너 벨트리너
고수, 바질, 민트	소비뇽 블랑 (캘리포니아, 뉴질랜드)
로즈마리	루아르 밸리 카베르네 프랑(시농), 메를로 품종 와인
육두구(너트맥), 베이킹 향신료	오크 숙성한 샤르도네
파프리카	스페인 멘시아 품종 와인 / 오스트리아 블라우프랜키쉬
라벤더, 주니퍼	시라 또는 쉬라즈 / 무르베드르 품종 와인
흑후추	시라 또는 쉬라즈 / 카베르네 소비뇽

디저트

초콜릿 케이크	마데이라 / 포트 / 브라케토 다퀴(이탈리아 피에몬테)
과일 파이, 클라푸티	오프 드라이 독일 리슬링 / 토니 포트
치즈 케이크	소테른과 바르삭(보르도) / 산화 숙성한 셰리(올로로소)
비스코티, 쿠키	빈 산토 / 파시토 디 판텔레리아
아몬드, 헤이즐넛, 피칸	빈 산토 / 스위트 셰리 (올로로소, 페드로 히메네스)

자, 이제 우리는 모두 소믈리에이다. 지금부터 무엇을 해야 할까?

소믈리에 자격시험을 목표로 하는 게 아니라면 지금까지 익힌 모든 것을 최대한 활용하는 데 집중해보자. 와인을 공부하는 많은 방법 중 가장 좋은 것은 와인을 마셔보는 것이다. 끊임없이 실험하며 같은 특성과 다른 특성을 따져보는 열린 마음이 있다면 원하는 와인을 즐겁게 찾아 나갈 수 있다.

우리 집 소믈리에로서의 목표는 일상 속에서 와인을 즐기는 시간의 가치를 높이는 것이다. 주방에서 새로운 요리에 도전하는 것을 즐기는 편이라면 와인을 단순히 음식이 완성된 후에 곁들이는 요소가 아니라 음식의 맛을 한층 높여줄 핵심 재료로 생각해보자. 좋은 소믈리에는 무엇을 마실지 고민하는 것에서 그치지 않고 어떤 자리인지, 메뉴는 무엇인지, 어떤 사람들이 함께하는지, 그래서 어떻게 마셔야 할지까지 생각한다.

앞에서 언급했듯이 전 세계 와인 품질의 기준선이 그 어느 때보다 높기 때문에 실험 정신을 조금만 가져도 크게 실패할 일은 없다. '좋은' 와인이 꼭 비싼 와인은 아니다. 와인 전문가가 되려면 부자여야만 했던 때도 있었지만 더는 그렇지 않다. 자, 이제 탐험을 떠나기만 하면 된다. 여행지에 가면 와이너리와 포도밭을 찾아가자. 레스토랑이나 와인 매장에서는 마음껏 질문하고 그곳의 전문가들이 지식을 마음껏 뽐내게 하자.

그리고 무엇보다 자신의 감각을 믿자. 지식과 경험을 쌓는 것도 무척 중요하지만 결국 궁극적인 목표는 우리 자신이 좋아하는 와인을 찾는 것이니까. 그러니 그 탐험의 과정이 행복하기를, 그리고 성공적이기를!

참고자료

Bastianich, Joseph, and David Lynch. Vino Italiano: The Regional Wines of Italy. New York: Clarkson Potter, 2005.

D'Agata, Ian. Native Wine Grapes of Italy. Berkeley University of California Press, 2014.

Dharmadhikari, Murli. "Composition of Grapes." Iowa State University. Accessed October 8, 2019. https://www.extension.iastate.edu/wine/files/page/files/compositionofgrapes.pdf.

Eisenman, Lum. "Wine Clarification and Stabilization." Genco Winemakers. Accessed October 8, 2019. http://www.gencowinemakers.com/docs/Wine Clarification and Stabilization.pdf.

Goode, Jamie. "The Visual Assessment of Wine." GuildSomm. Accessed October 8, 2019. https://www.guildsomm.com/public_content/features/articles/b/jamie_goode/posts/the-visual-assessment-of-wine.

"The Great White South: An Introduction to Châteauneuf-Du-Pape Blanc." Vinography.Com: A Wine Blog. Accessed September 9, 2019. http://www.vinography.com/archives/2014/08/the_great_white_south.html.

"How to Manage Pests." UC IPM Online. Accessed October 8, 2019. http://ipm.ucanr.edu/PMG/PESTNOTES/pn7481.html.

Johnson, Hugh, and James Halliday. The Vitner's Art: How Great Wines Are Made. New York: Simon & Schuster, 1992.

"The Key Chemicals in Red Wine—Colour, Flavour, and Potential Health Benefits." Compound Interest, February 18, 2017. https://www.compoundchem.com/2014/05/28/redwinechemicals/.

MacNeil, Karen. The Wine Bible. New York: Workman Publishing, 2015.

Margalit, Yair. Winery Technology & Operations: A Handbook for Small Wineries. San Francisco: Wine Appreciation Guild, 2011.

Markoski, Melissa M., Juliano Garavaglia, Aline Oliveira, Jessica Olivaes, and Aline Marcadenti. "Molecular Properties of Red Wine

Compounds and Cardiometabolic Benefits."
Nutrition and Metabolic Insights 9 (August 2016):
51–57. doi:10.4137/NMI.S32909.

McKirdy, Tim, and Danielle Grinberg. "The Differences Between Primary,
Secondary, and Tertiary Aromas, Explained."
VinePair, June 18, 2019.
https://vinepair.com/articles/wine-aromas-explained.

Meadows, Allen D. The Pearl of the Côte: The Great Wines of
Vosne-Romaneé. Winnetka Burghound Books, 2010.

Napa Valley Vintners. "The Life Cycle of a Grape." Napa Valley Vintners.
Accessed October 8, 2019. https://napavintners.com/napa_valley/life_
cycle_of_a_grape.asp.

Parr, Rajat, and Jordan Mackay. Secrets of the Sommeliers:
How to Think and Drink like the World's Top Wine Professionals.
Berkeley Ten Speed Press, 2010.

Parr, Rajat, Jordan Mackay, and Joe Woodhouse. The Sommeliers Atlas
of Taste: A Field Guide to the Great Wines of Europe.
Berkeley Ten Speed Press, 2018.

Puckette, Madeline, and Justin Hammack.
Wine Folly: The Essential Guide to Wine. New York: Avery, 2015.

Reinagel, Monica. "Myths about Sulfites and Wine." Scientific
American, July 15, 2017. https://www.scientificamerican.com/
article/myths-about-sulfites-and-wine.

Robinson, Jancis. The Oxford Companion to Wine.
Oxford: Oxford University Press, 2015.

Steadman, Ralph. Untrodden Grapes.
Orlando, FL: Harcourt, 2005.

"Sulfites in Wine: The Facts." The Organic Wine Company.
Accessed October 8, 2019. http://theorganicwinecompany.com/
sulfites-in-wine-facts.

White, Kelli. "The Sweet Spot: Understanding Sugar in Wine." GuildSomm.
Accessed October 8, 2019. https://www.guildsomm.com/public_content/
features/articles/b/kelli-white/posts/understanding-sugar-in-wine.

Zraly, Kevin. Windows on the World Complete Wine Course.
New York: Sterling Epicure, 2018.

찾아보기

감사의 말

책을 쓴다는 것은 정말 좋아해야 할 수 있는 일이다. 생각보다 더 힘들고 그만큼 더 보람 있는 시간이었다. 책을 쓰는 내내 말하고자 하는 모든 것을 담기에는 시간과 공간 모두가 절대적으로 부족했다. 솔직히 여섯 종류의 와인을 블라인드 테이스팅하는 것보다 처음 해보는 이 일을 정리해나가는 과정이 더 어려웠다.

여러 가지 어려움이 있었음에도 불구하고 도움을 주신 훌륭한 분들이 계셨기에 다행히도 이 책이 결승점까지 올 수 있었다. 끝없는 이해심을 지닌 나의 동반자 마리아Maria와 아름다운 아들 알레산드로Alessandro의 굳건한 응원에 진심 어린 감사를 전한다. 아빠와 함께하지 못한 생일 파티와 휴가, 첫 등교 날…. 알렉산드로는 세 살의 나이에 많은 것을 희생해야 했다. 희생까진 아니더라도 나의 이야기를 쓰느라 아들과 함께 누워 이야기를 나누지 못한 밤이 많았던 것은 사실이다.

비즈니스 파트너이자 멘토이며 소중한 친구인 매릴린 스크립스Marilyn Scripps. 나에게 일생일대의 기회를 주었고 수많은 전설적인 와인들을 함께 나누었으며 지난 20년 동안 내 삶의 모든 면면에서 나를 응원해주었다. 그 사랑과 베풂이 성공의 뼈대가 되었다. 감사를 전한다.

이 책의 집필 과정에 엄청난 도움을 준 두 사람에게도 고맙다는 말을 남기고 싶다. 10년 가까이 함께 일해오며 언제나 믿을 수 있는 자문단이 되어주는 진 스타일스Jeanne Stiles가 없었다면 이렇게 멋진 책이 나올 수 없었을 것이다. 오랜 친구이자 동료이며 내가 가장 좋아하는 와인 책《Vino Italino》의 저자인 데이비드 린치David Lynch의 아이디어와 전문 지식은 이 책의 완성에 핵심적인 역할을 했다.

내가 이렇게 와인으로 일을 해나가게 될 거란 사실을 깨닫게 해주신 UNLV의 도널드 벨Donald Bell 교수님이 베풀어주신 통찰력 있는 가르침에 언제나 겸손한 마음으로 감사할 것이다. 교수님께서 수많은 학생들에게 주신 영감과 가르침이 그들의 삶에 얼마나 좋은 영향이 되었을지 가늠조차 할 수 없다.

이 책을 쓰며 참 많은 것을 배웠지만 나를 움직이게 하는 근본적인 사실을 다시 돌아보고 확인하는 기회가 되었다. 나는 끝없는 매력을 지닌 와인이라는 세계의 모든 것을 사랑하고, 이 세계에서의 경험을 여러 사람들과 나누며 진정한 행복을 느낀다.

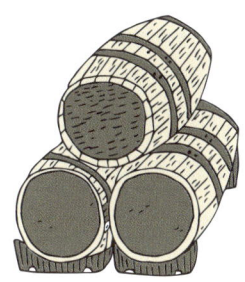

테누타 세테 치엘리의
가파른 계단식 포도밭.

이 책에 실린 사진에 대해

책 **속의 아름다운 사진들은** 이탈리아 토스카나에 있는 테누타 세테 치엘리Tenuta Sette Cieli의 환상적인 모습을 담고 있다. 유기 농법으로 포도를 재배하는 이 멋진 와이너리는 1,300피트 고도의 언덕 꼭대기에 있어 티레니아해와 해안선이 내려다보이는 탁 트인 풍경을 자랑한다.

'7개의 하늘을 지닌 와이너리'라는 뜻을 가진 이름처럼, 이곳에서 하늘을 올려다보면 언제 어디서든 끊임없이 멋진 하늘을 감상할 수 있다. 빽빽하게 심은 포도나무를 수작업으로 재배하며 우아한 풍미를 지닌 카베르네 소비뇽, 카베르네 프랑, 메를로가 유명하다.

나에게 세테 치엘리는 이탈리아의 정수이다. 숨을 멎게 하는 계단식 포도밭의 장관과 세심하게 관리되는 와이너리, 정해진 표준대로 이루어지는 서비스. 그중에서도 가장 중요한 것은 모든 훌륭한 와이너리가 그렇듯 세테 치엘리 고유 문화의 근간에는 놀라운 재능을 지닌 사람들이 있다는 것이다.

운이 좋게도 지난 몇 년 동안 여러 차례 방문해 이곳 사람들과 함께 시간을 보냈고 이제는 여기가 마치 제2의 고향처럼 느껴진다. 세테 치엘리 사람들의 세련된 센스와 친절한 태도, 넓은 마음은 이들이 만든 복합미가 살아 있는 훌륭한 와인에서도 느낄 수 있다.

켄 프레드릭슨 Ken Fredrickson

시카고에서 활동하는 마스터 소믈리에이자 계속해서 새로운 일에 도전하는 사업가이다. 요식업계의 거물 찰리 트로터, 볼프강 퍽과 함께 일했다. 레스토랑 업계를 떠난 후에는 소비자 중심의 혁신적인 와인 및 증류주 유통 회사를 설립하였고, 와이너리를 운영하기도 했다. 현재는 여러 자체 브랜드를 소유한 국제적인 증류주 수입사 그룹을 만들고 있으며, 서비스 분야에 집중하는 ⟨Tenzing, A Wine and Spirits⟩를 운영하고 있다.

철인 3종 경기에 참여할 정도로 열정이 넘치는 켄은 ⟨Mayo Clinic⟩의 양극성 장애 등 기분장애 치료에 자선 활동도 하고 있다. 또한 시카고 공립학교 교육을 통한 영양 증진을 위해 노력하는 ⟨Pilot Light⟩의 셰프 프로그램의 오랜 후원자이다. 인스타그램 @kenfredricksonms에서 켄의 와인 탐험을 함께해보자.